YN ÇHESHAGHT GHAILCKAGH

# FIRST THOUSAND WORDS

## IN MANX

Heather Amery

## Illustrated by Stephen Cartwright

Revised edition by Mairi Mackinnon
Picture editing by Mike Olley
Manx translation revised by Chris Sheard

There is a little yellow duck to look for on every
double page with pictures. Can you find it?

S tephen Cartwright's
little yellow duck made
his first-ever appearance in *The First
Thousand Words* over thirty years ago.
Duck has since featured in over 125
titles, in more than 70 languages, and
has delighted millions of readers,
both young and old,
around the world.

Original Title: First 1000 Words
First published by Usborne Publishing Ltd, 83-85 Saffron Hill, London EC1N 8RT. www.usborne.com
Copyright © 2013, 1995, 1979 Usborne Publishing Ltd
Manx edition Copyright © 2017, 1986 Yn Çheshaght Ghailckagh.

# About this book

**The First Thousand Words** is a popular book that has helped many children and adults learn new words and improve their Manx language skills.

You'll find it easy to learn words by looking at the **small labelled pictures**. Then you can practice the words by talking about the large central pictures.

There is an alphabetical **word list** at the back of the book, which you can use to look up words in the picture pages.

Remember, this is a book of a thousand words. It will take time to learn them all.

## Masculine and feminine words

All Manx words for people and things are either masculine or feminine. When you look at Manx words in the Word list at the back of the book you will see that some have the letter F after them. These words are feminine and those without the F are masculine.

## Plurals

English nearly always forms its plurals by adding **s** (book, books), but Manx has several different ways, the most common of which is by adding **yn** (lioar, lioaryn). When a compound word like *carbyd-mooghee* (fire-engine) is put into the plural, most often **yn** is added to the first part (carbydyn-mooghee) and this method is shown in the list by (*yn). When the plural of a word is formed in any other way, the whole plural is shown in brackets.

## How to say the Manx words

The best way to learn how to pronounce Manx words is to listen to a fluent Manx speaker. You can hear Manx spoken by fluent Manx speakers on the learnmanx.com website. There you can also find a wealth of information about the Manx language as well as links to other useful websites and resources.

peint

boteil

eeast-airhey

etlan-cassee

cront-bleihghyn

shocklaid

# Y thie

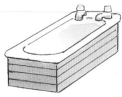

tobbyr-oonlee

sheeabin

fyseid

pabyr-premmee

skeaban-feeackle

ushtey

premmee

faastguin

meilley-oonlee

frass-oonlee

aanrit-laue

lhiabbee

## shamyr-oonlee

## shamyr-soie

sooslagh-feeackle

radio

soiagan

DVD

brat-laare

aashag

**4**

caair

curleid-rangagh

kere

brelleein

breshag

press-eaddee

# çhamyr-çhiabbagh

çhellveeish

kishtaghan

gless-huarystal

skeaban

cressad

# far-hamyr

jalloo

kibbin

çhellvane

çhiasseyder

mess

pabyr-naight

boayrd

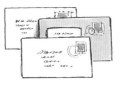
screeuyn

greeishyn

5

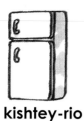

# Y çhamyr-aarlee

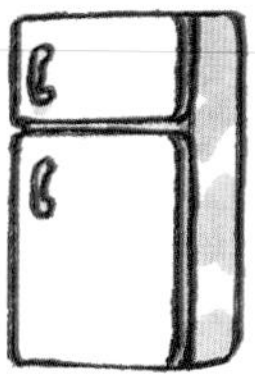
kishtey-rio

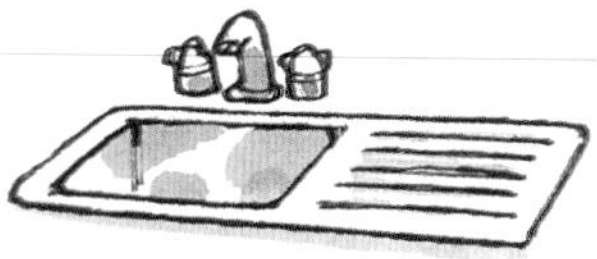
meilley-niee

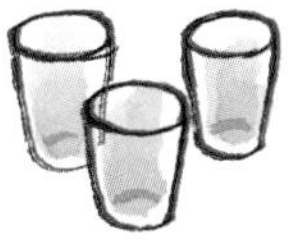
gless

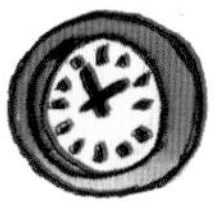
clag

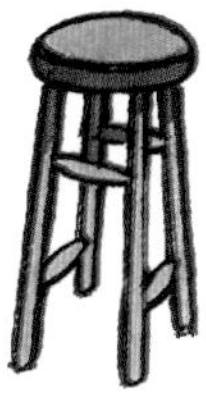
stoyl

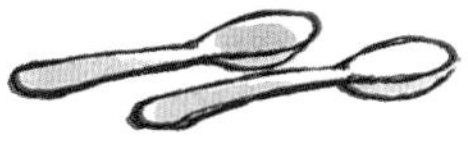
spein-tey

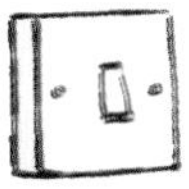
corrag-hoilshey

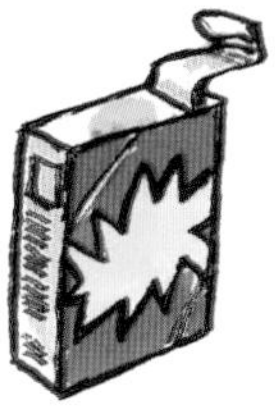
poodyr-niee

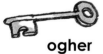

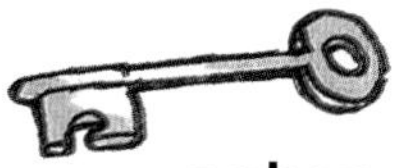
ogher

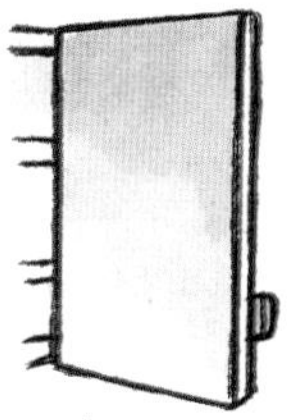
dorrys

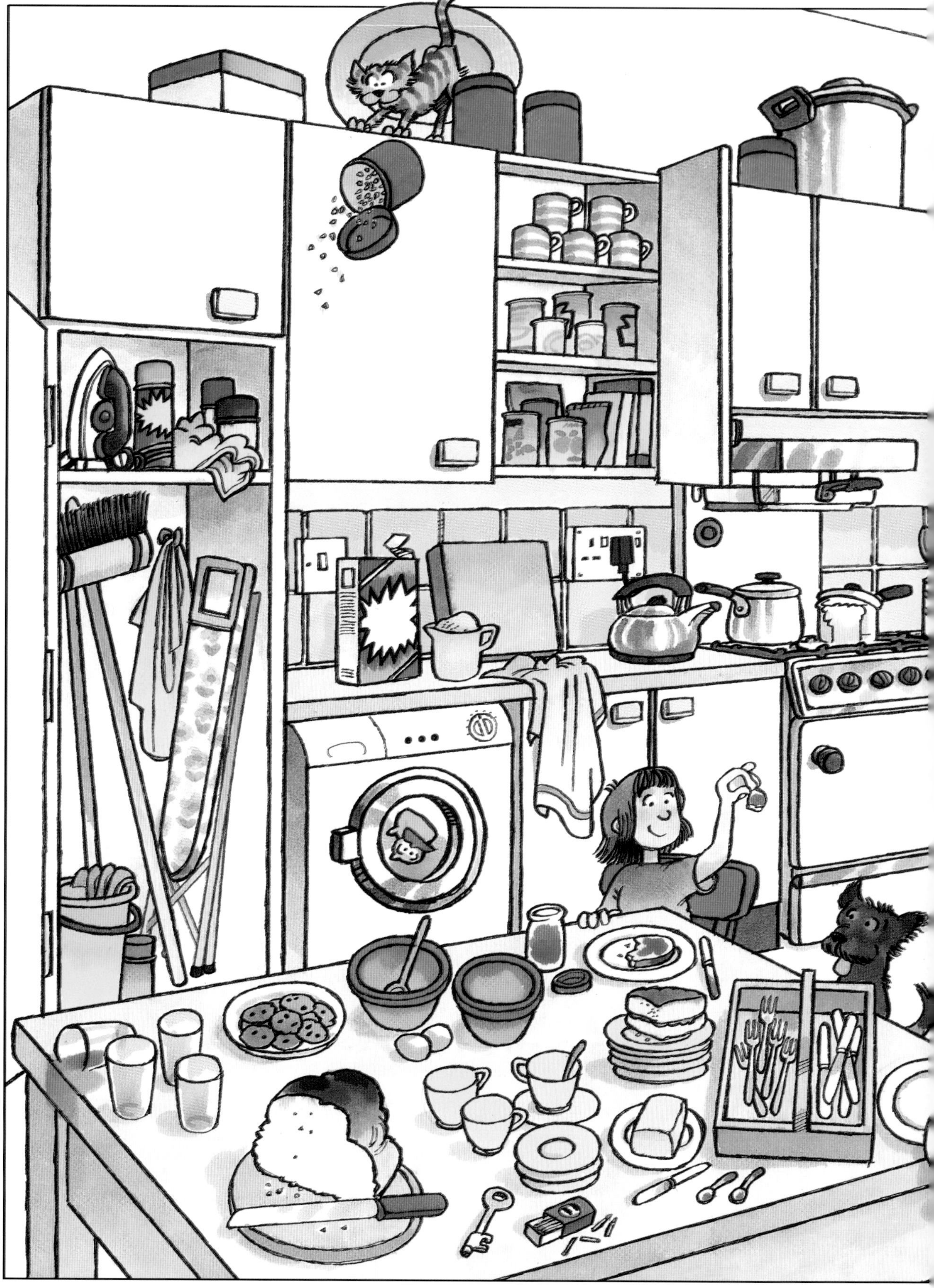

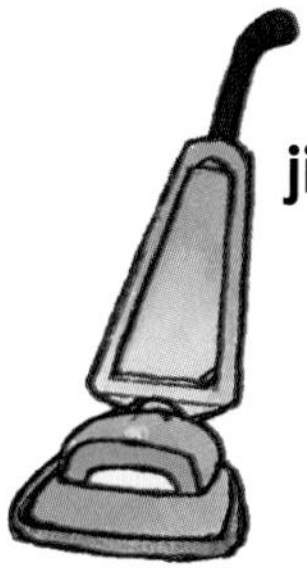
jioleyder

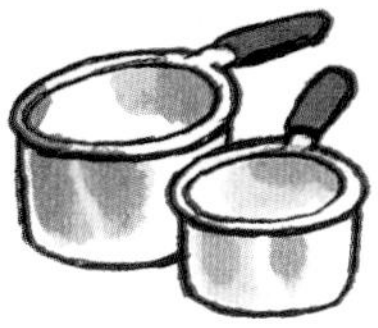
panney

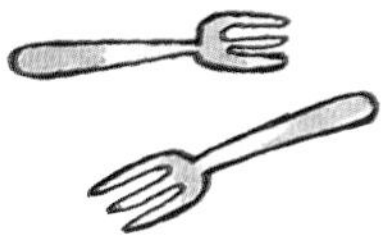
aall

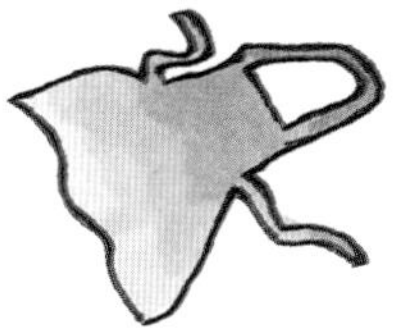
arpin

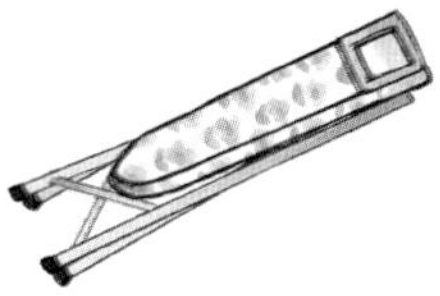
boayrd-smoodal

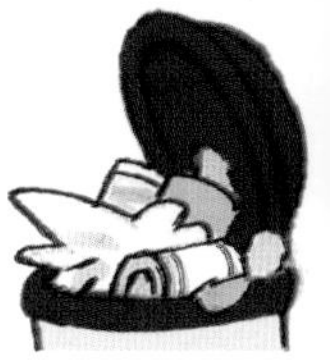
orçh

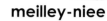

coirrey

skynn

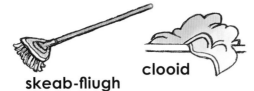
skeab-fliugh    clooid    lhiack-voalley    skeab

greie-niee

sleayst-joan

kishteig-hayrn

skaal

frynepan

coageyder

spein

moggaid

yiarn-smoodal

cubbyrt

aanrit-jyst

cappan

foaddan

skeaban

meilley

7

# Y garey

**barrey-queeylagh**

**shelleig**

**crammag**

**breeck**

**ushag**

**kiebbey**

**deyllag-vreck**

**kishtey-trustyr**

**rass**

**bwaane**

**curn-spreih**

**dhiane**

**blaa**

**spreihder**

**speiy**

**shellan-cabb**

shellan

traval

craue

cleigh

gollage

giarreyder-faiyr

cassan

duillag

billey

jaagh

praddag

raak

edd

maidjey

faiyr

carbyd-clienney

losserey

aile

pioban

thie-gloinney

9

# Y çhamyr-obbree

scrod

greimmeyder

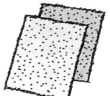
pabyr-geinnee

tharrar

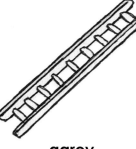
aarey

saaue

meinn-saaue

feaillerey

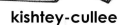
kishtey-cullee

scrodeyder

deal

speeineig

skynn-phenney

taggad

doo-oalee

bolt

cro

eggey doo-oalee

stoandey

quaillag

teigh

towshan

oayrd

shleeuan

pot-peint

fuygh

treiney

bink-obbree

costrayl

locker

**11**

# Y traid

shapp

towl

thie-bee

carbyd-lheihys

pemmad

sthowran

çhimlee

mullagh-thie

cleiyder

thie-goaldee

bus / barroose

dooinney

carr ny meoiryn-shee

piob

tharrar-raaidey

scoill

close-cloie

12

taksee

cassan-breck

thie-jannoo

carr-laadee

soilshey-reill

thie-fillym

van

rowleyder

sleayd

thie

margey

greeishyn

roar-bree

cummal-rea

aa-wheeyl / roar

carbyd-mooghee

meoir-shee

gleashtan

ben

post-soilshey

**13**

# Y shapp-gaih

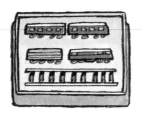
raad-yiarn

jeeshyn

feddan-millish

robot

jesheen-wannalagh

shamraig

cruinneen

babban

gytayrn

fainey

thie-babban

organe-bee

feddan          kiap          cashtal          fovarrane          cayrn          side

bhow

scaa-tuittym

baatey

peint-eddin

rowleyder

far-eddin

carr-ratçh

cabbyl-leaystee

kishtey-argid

runtag

babban-tead

pianney

troailtagh-spoar

coar

kaartyn

dollan

sidoor

kishtey-peint

roggad

**15**

leaystane

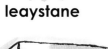

lagg-geinnee

lhongey-mooie

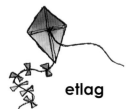

etlag

riojag

moddey

giat

cassan

rannag

skirrey

# Y pairk

bink

kione-snaue

logh

blod-queeylagh

thammag

16

**oikan**

**boayrd-queeylagh**

**ooir**

**caair-phuttee**

**maidjey-corragh**

**paitçhey**

**tree-wheeyl**

**ushag**

**radling**

**bluckan**

**baatey**

**streng**

**dubbey beg**

**eean-thunnag**

**tead-skibbylt**

**billey**

**ymmyr-vlaa**

**ollay**

**yeeall**

**thunnag**

17

# Beiyn

mucawin-sheenagh

skian

urley

cabbyl-awin

gorilley

maaig

kangaroo

apag

craitnag

famman

moddey-oaldey

penguin

croggeeyl

mucawin

fedjag

pelican

ostrich

lheimmeyder-
marrey

lion

quallian

mwannalagh

feeaih

camel

raun

shligganagh

mucawin-bane

stroin

elephant

stroin-eairkagh

buffalo

eairk

doourchoo

goayr

assyl-schimmeigagh

aarnieu

sharkagh

muc-varrey

lion-schimmeigagh

lion-spottagh

# Troailt

raad-yiarn

greie

fendeilagh

fainagh

immanagh

traen-cooid

ardan

scruteyr-tiggad

kishtey-scudlee

greie-tiggad

## Y stashoon

## Y garreish

soilshey-reill

poagey-drommey

soilshey-mooar

greie

queeyl

kishtey-pooar

etlan

etlan-cassee

raad-etlan

toor-reill

# Y phurt-aer

tendeilagh-etlan

stiureyder

nieeder-gleashtan

NIEEDER GLEASHTAN

towl-scudlee

pedryl

carbyd-tayrn

troggeyder-pedryl

doagh-hroailt

spanney

crou

farkyl-toshee

ooill

**21**

# Y çheer

mwyllin-gheayee

slieau

mollag aer-çheh

foillycan

jargan-leaghyr

clagh

shynnagh

strooan

post-stiuree

arkan-sonney

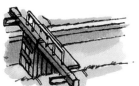

cooylley-ushtey

fiorag

keyll

brock

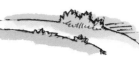

awin

raad

22

vaag-eaddee/
paalan

ammyr

corp-billey

balley beg

lhemeen

droghad

baatey-ammyr

eas

hullad

thiollane

quallian-shynnee

kyaghan

eeasteyr

creg

rannag-ghoo

traen

thie-troailt

cronk

23

# Y balley-thallooin

creagh

kellagh

moddey-keyrragh

eayn

loghan

eean-kirkey

lout-traagh

mucklagh

tarroo

thie-kirkey

tayrneyder

guiy

doagh-hroailt

soalt

laagh

cart

24

eirinagh

magher

kiark

lheiy

radling

jeelt

baaieagh

booa

keeaght

ooylagh

staabyl

ark

assyl

kellagh-frangagh

buggane-doo

thie-eirinagh

traagh

keyrrey

kionnan

cabbyl

muc

**25**

# Slyst ny marrey

baatey-shiaullee

shlig

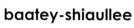
mooir

maidjey-raue

thie-soilshey

kiebbey

cruick

crossag-varrey

cashtal-geinnee

scaa-greiney

brattagh

shiaulteyr

partan

foillan

ellan

baatey-pooar

sheealeyde
ushtey

tonn

edd-greiney

eaynin

lhong

finneig

tead

clagh

famlagh

lieen

spaag

baatey-eeastee

maaig

key-greiney

eeast

caair-hraie

eaddagh-snaue

lhong-ooill

traie

baatey-ymmyrt

27

# Y scoill

shuddyryn

2 + 2 = 4
2 + 3 = 5

symyn

scryssane

reill

jalloo-shamraig

penn felt-virragh

cray

peint

guilley

penn-leoaie

boayrd-bane

boayrd-
screeuee

lioar

penn

glooie

kelk

jalloo

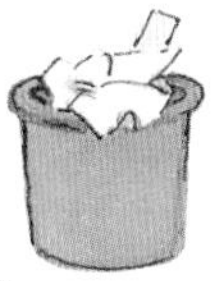
kishan-pabyr

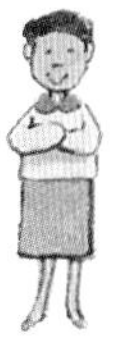
ynseyder

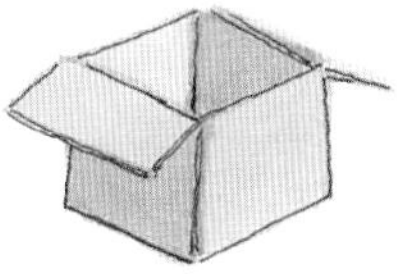
kishtey

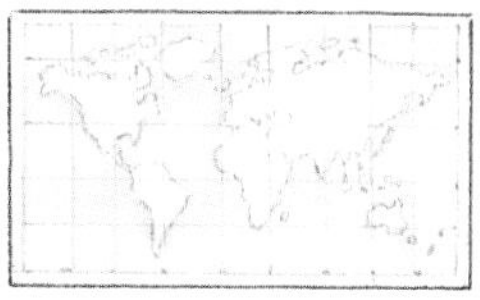
kaart-çheerey

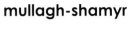

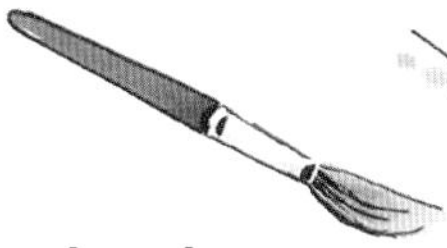
skeaban

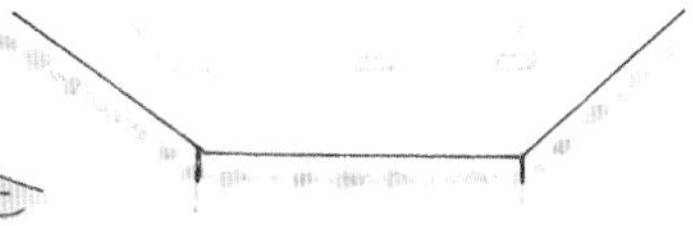
mullagh-shamyr

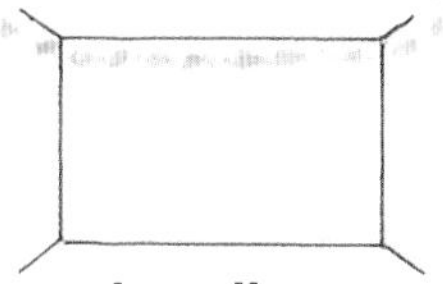
boalley

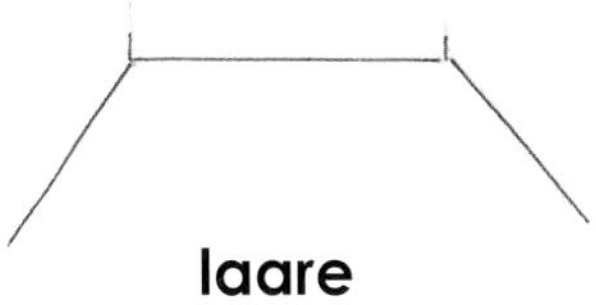
laare

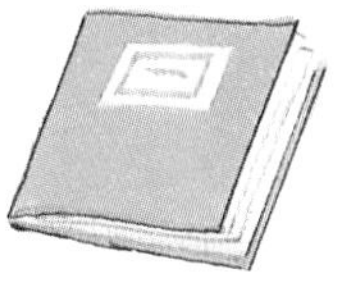
lioar-screeuee

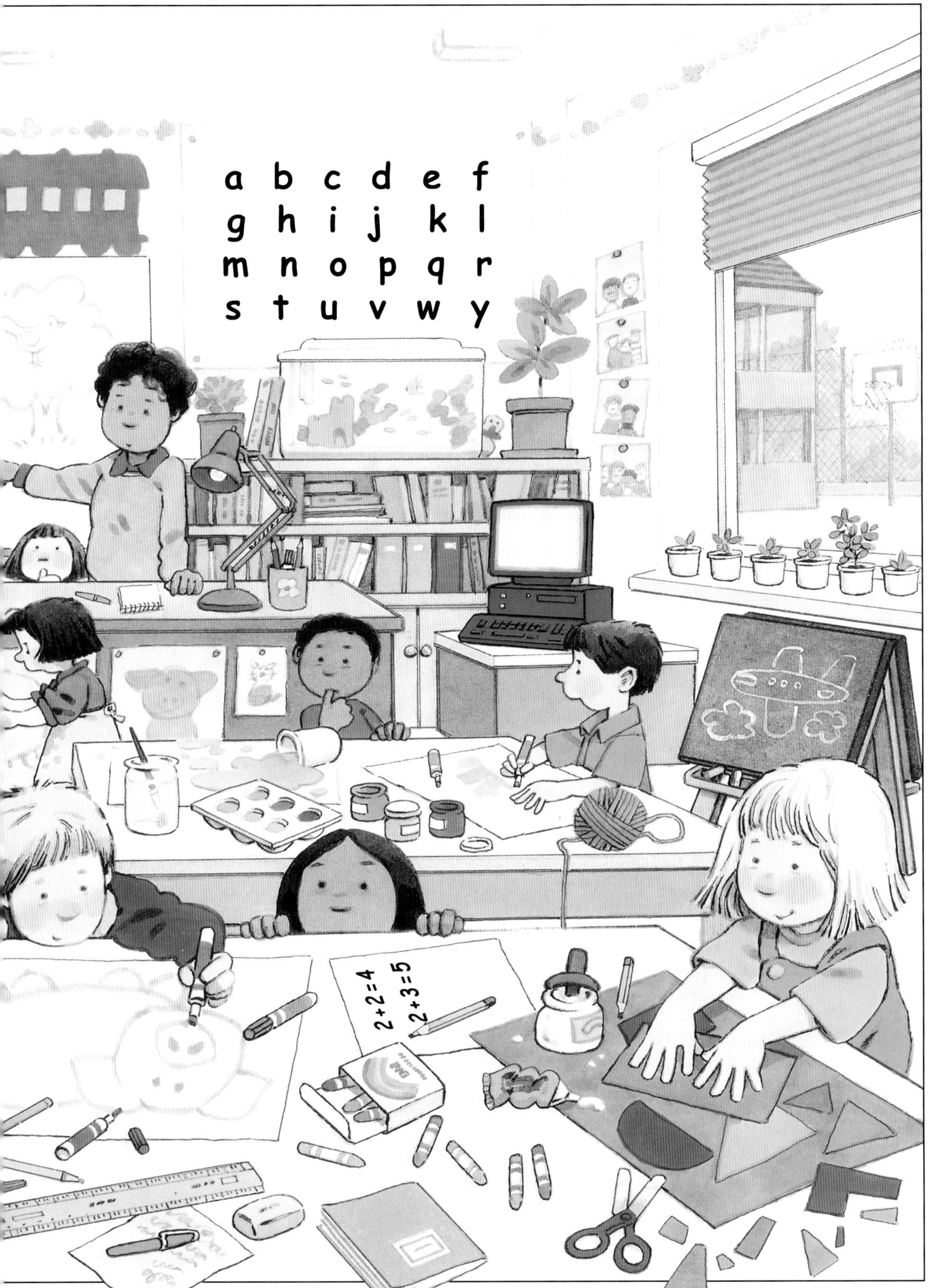

a b c d e f
g h i j k l
m n o p q r
s t u v w y
2+2=4
2+3=5


a b c d e f
g h i j k l
m n o p q r
s t u v w y

abbyrlhit

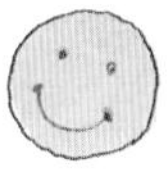
cowrey

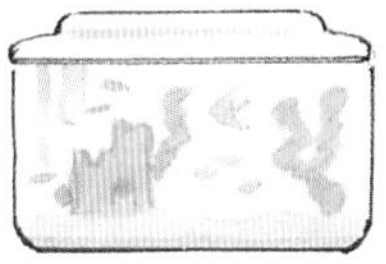
trogh-eeast


pabyr

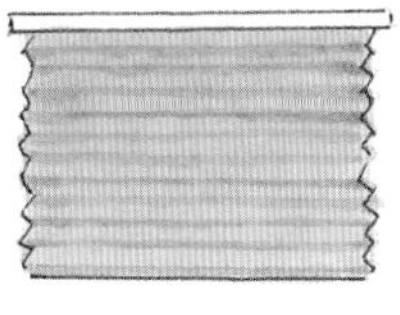
doallan-slat

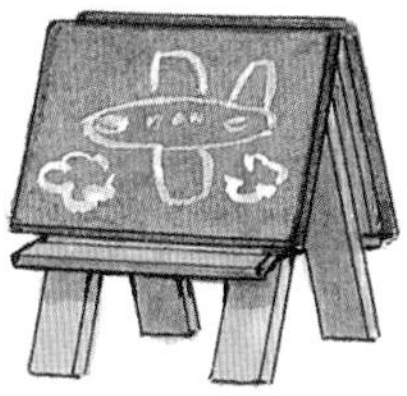
eesyl

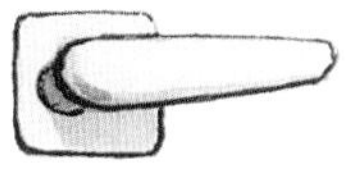
doarnane-dorrys

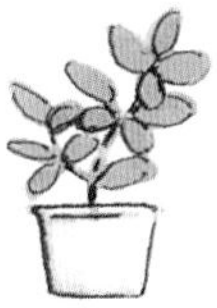
lus

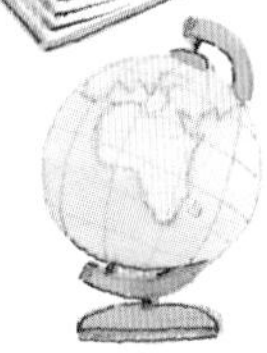
cruinney

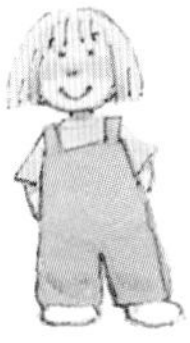
inneen

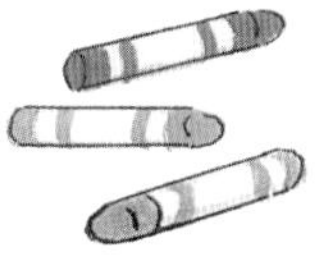
crayon

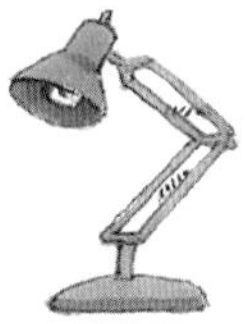
cressad

boandyr

ollan-cadee

medshin

troggeyder

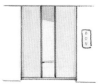

cooat-shamyr

cammag

milleen

boayrd-laue

ooreyder

gless-hiass

curtan

# Y thie-lheihys

ooyl

**30**

coodagh-plaastyr

kiangley

caair-wheeylagh

cront-bleihghyn

ben-lhee

spooytag

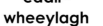

# Y fer-lhee

carrane-thie

co-earrooder

plaastyr-lhiantagh

corran-bwee

berrish-feeyney

bastag

gaih

peear

kaart

paggan

maidjey-shooyl

clooiesag

goon-oie

eaddagh-oie

noirid

bussal-pabyr

pabyr-aitt

shamyr-farkee

**mollag**

**shocklaid**

**speckleyryn**

**miljan**

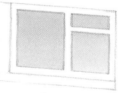

**uinnag**

**çhentag**

**rybban**

**berreen**

# Y giense

**gioot**

**gass-iu**

**cainle**

**driaght-pabyr**

**gaih**

32

clementeen

salami

teddee

pronnag

crisp

eaddagh-breagey

shillish

soo-mess

soo-crouw

soo-thallooin

cruinnag

braghtan

eeym

brishtag

caashey

arran

aanrit-boayrd

**33**

# Y shapp

shaddag

carradje

collag

cannian

shalmane

cucower

limon

selleree

apricock

melloon

poagey

CAASHEY

MESSYN AS LOSSREEYN

unnish    caayl

pershagh

lettys

pishyr

ooyl-ghrain

ooh

plumbys

flooyr

meihaghyn

costrayl

feill

nannys

yoggyrt

bastag

boteil

spagey

sporran

argid

canastyr

praase

spinatçh

poanrey

ynnyd-eeck

pumkin

bastag-wheeylagh

**35**

# Bee

brishey-trostey

kirbyl *ny* jinnair

ooh-vroiet

caffee

ooh-freeghit

arran-greddan

jingan

key

bainney

grine brishey-trostey

shocklaid-heh

shugyr

mill

sollan

pibbyr

tey

pash-hey

pannag

rolley-arran

shibber *ny* jinnair

yskid

broit / awree

oohagan

glassan

maidjey-ee

burgeyr

feill-chirkey

reesh

aunlyn

spaghetti

praaseyn-lahnit

peetsey

spollagyn

puiddin

37

# Mee-hene

kione

folt

eddin

roih

uillin

bolg

mair-choshey

cass

lurgey

glioon

mollee

sooill

stroin

lieckan

beeal

meill

feeackle

çhengey

smeggyl

cleaysh

mwannal

geaylin

cleeau

dreeym

thoin

laue

ordaag

mair

# Yn eaddagh aym

oashyr

fo-hroosyn

fo-lheiney

troosyn

jeenyn

lheiney-T

rhymbyl

lheiney

boandey

troosyn-cuttagh

oashyryn-lheshey

goon

gansee

lheiney-spoyrt

gansee-foshlee

bussal-mwannal

bussal

braag-spoyrt

braag

carrane

bootys

lauean

cryss

buggyl

tayrnag

yeeall

cramman    towl-cramman

poggaid

cooat

jaggad

bayrn

edd

# Sleih

cloieder

coagyrey

daunseyr

arraneyder

troailtagh-spoar

meoir-shee

buitçhoor

seyr

moogheyder-aile

ellyneyr

briw

obbrinagh

**folteyr**

**immanagh carr-laadee**

**immanagh-bus**

**tendeilagh**

**fer y phost**

**feeackleyr**

**thummeyder**

**peinteyr**

**fuinneyder**

# Y lught-thie

**mac braar**

**inneen shuyr**

**moir ben-heshey**

**ayr dooinney-sheshey**

**naunt**

**naim**

**baagh-thie**

**cussan**

**shennayr**

**mwarree**

# Cre t'ad jannoo?

garaghtee

mongey

keayney

smooinaghtyn

geaishtagh

tayrtyn

tilgey

brishey

peintal

screeu

scoltey

giarrey

gee

loayrt

reuyrey

gymmyrkey

giu

jannoo

lheim

daunsin

goonlaghey

cryttal

**42**

snaue

cloie

jeeaghyn er

drappal

goaill

caggey

cadley

skibbylt

whaaley

farkiaght

coagyrey

follaghey

lhaih

kionnaghey

puttey

skeabey

goaill arrane

çhaglym

sheidey

tayrn

tuittym

shooyl

roie

soie

**43**

# Condaigyssyn

mie

olk

foddey

faggys

feayr

çheh

fliugh

çhirrym

syrjey

s'inshley

harrish

fo

sollagh

glen

roauyr

thanney

foshlit

dooint

beg

mooar

beggan

mooarane

y chied 'er

y fer s'jerree

er y laue-chiare

44

çheu-mooie

çheu-sthie

aashagh

doillee

follym

lane

bog

creoi

çheu-veealloo

ard

moal

tappee

çheu-chooylloo

injil

liauyr

giare

marroo

bio

dorraghey

sollys

shenn

heose

er y
laue-yesh

noa

heese

**45**

# Laghyn

Jelune
Jemayrt
Jecrean
Jerdein
Jeheiney
Jesarn
Jedoonee
feaillerey

moghrey

grian

fastyr

oie

spoar

planaid

lhong-spoar

eayst

rollage

fodreayrtan

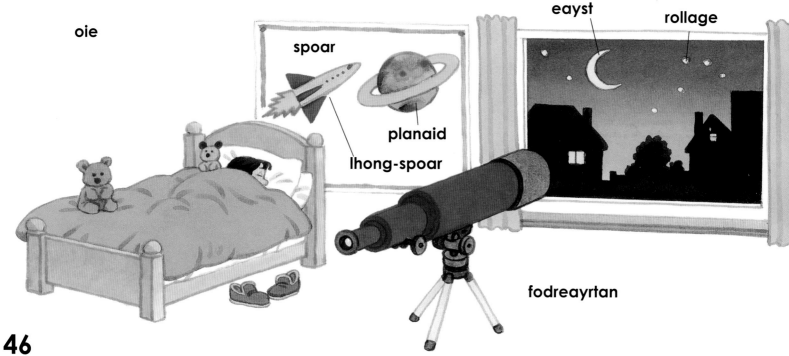

# Laghyn er lheh

laa-ruggyree

laghyn-seyrey

kaart laa-ruggyree

cainle

gioot

berreen laa-ruggyree

laa-poosee

goaldagh

shamraig

moidyn-phoosee

ben-phoosee

dooinney-
poosee

jallooder-shamraig

Laa Nollick

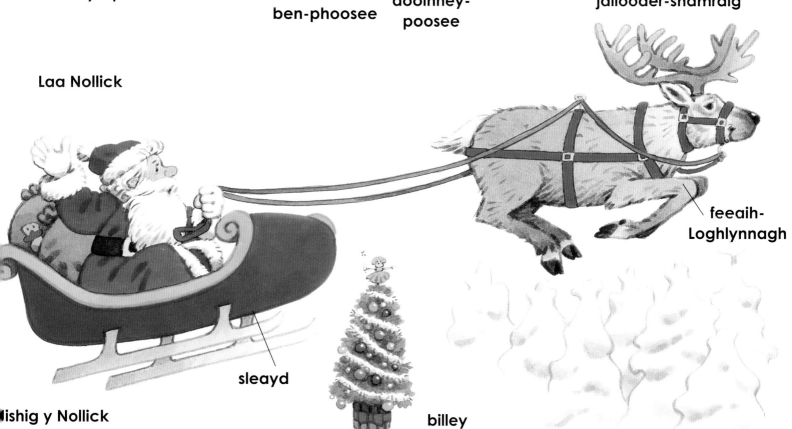

feeaih-
Loghlynnagh

sleayd

llshig y Nollick

billey
Nollick

# Emshyr

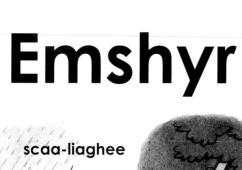

scaa-liaghee

fliaghey

tendreil

kay-vroghe

grian

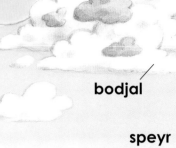

bodjal

speyr

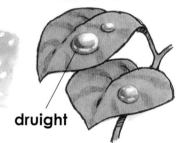

druight

sniaghtey

geay

kay

rio

goll-twoaie

# Imbaghyn

yn arragh

y sourey

y fouyr

y geurey

# Beiyn-thie

ben-lhee ny beiyn

pussag

muc-ghinnee

thie-moddee

quallian

moddey

budjee

parrad

gob

bee

conning

canaaree

caaidje

kayt

bastag

lugh

pishin

bainney

eeast-airhey

# Spoyrt as cliaghtey corpagh

bluckan-bastag

gymmyrt

shiaull

shiaulley

surfal-geayee

boayrdal-sniaghtee

raggad

tennys

bluckan-coshey

jymnastaght

criggad

karate

bad

bluckan

daunsin

bluckan-bun

slat-eeastee

geeastagh

bite

rugbee

thummey

loghan-snaue

snaue

ratch

sideyrys

dean

foilleyraght-chroghee

bayrn-coadee

dridal

daa-wheeylaght / roarey

drappal

judo

glassage

cabbyl

garran

bluckan-coshey

markiaght

shamyr-choamree

badmyntyn

braag-skirree

tennys-boayrd

skirraghtyn

maidjey-sheeal

caair-chaabyl

sheeal

shee

gleck sumo

**51**

# Daaghyn

jiarg-bwee

glass/geay

doo

lheeah

dhone

jiarg

bane

gorrym

jiarg-bane

gorrym-jiarg

bwee

# Cummaghyn

kiare-chuilleig

kiarkyl

daiman

cughlin

rollage

kiap-kerrinagh

far-chiarkyl

troorane

kerrin

corran

52

# Earrooyn

| | | |
|---|---|---|
| 1 | nane | |
| 2 | jees | |
| 3 | tree | |
| 4 | kiare | |
| 5 | queig | |
| 6 | shey | |
| 7 | shiaght | |
| 8 | hoght | |
| 9 | nuy | |
| 10 | jeih | |
| 11 | nane-jeig | |
| 12 | daa-yeig | |
| 13 | tree-jeig | |
| 14 | kiare-jeig | |
| 15 | queig-jeig | |
| 16 | shey-jeig | |
| 17 | shiaght-jeig | |
| 18 | hoght-jeig | |
| 19 | nuy-jeig | |
| 20 | feed | |

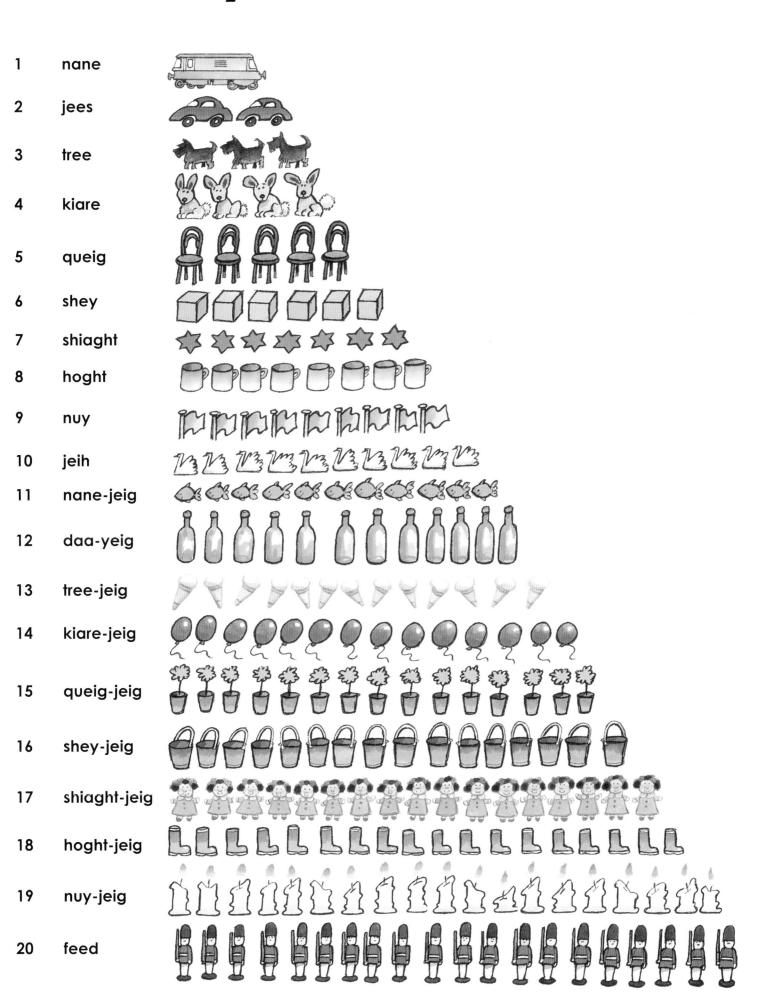

# Yn 'eailley

queeyl vooar

markiaght-çhyndaa

shugyr-sneeuit

traen ny scaanyn

arroo-frappal

breshag

toor-skirraghtyn

carr-donkal

fainaghyn-ceau

traen ny carnaneyn

# Y kiarkys

markiagh un-wheeyl

lheimmeyder-leaystane

coshee-tead

lorg

tead-çhionn

aarey-tead

lieen-sauçhys

ymmyltagh

laue-chluickeyder

figgan

mainshtyr y chiarkys

conning

moddey

edd-ard

boandey-lhoobagh

possan-kiaullee

markiagh gyn jeelt

dooinney-aitt

# Word list

In this list you can find all the Manx words in this book in alphabetical order. Next to each one you can see how to say it written in letters *like this*, and then its English meaning.

Remember that Manx nouns (words for things) are either masculine or feminine. In the list, feminine nouns have F after them.

**About Manx pronunciation**

Many sounds in Manx are quite similar to sounds in English, but there are some sounds in Manx which are quite different to any sound in English. To say a Manx word correctly, you really need to hear a Manx speaker say it first. Thanks to digital media, recordings of spoken Manx are now easily available. Listen very carefully to a word and then try to say it that way yourself. But if you say a word as it is written in the guide, a Manx speaker will understand you, even if your accent is not perfect.

Read the pronunciation guide as if it were an English word, but remember the following points:

**a** is said like **a** in 'cat' in Northern English
**aa** is said like **ai** in 'fair'
**ah** is said like **a** in 'cat' in Northern English, but more drawn out
**ay** is said like **ai** in 'main', but without the final faint **ee** sound
**er** is said like **er** in 'baker', but with the **r** gently trilled
**gh** is said like a drawn out **g** sound, as when gargling
**kh** is said like the breathy **ch** in Scottish 'loch'
**k'y** is said like **c** in 'cute'
**l'y** is said like **ll** in 'allure' and 'million'
**n'y** is said like **n** in 'new'
**ow** is said like **ow** in 'cow'
**th** is said like **th** in 'the'
**uh** is said like **er** at the end of 'baker'
**un** is said like **en** at the end of 'spoken'
**y** is said like **y** in 'my'
**zh** is said like **s** in 'treasure'
**CAPITALS** show where to place the emphasis in the words

## A

| | | |
|---|---|---|
| aall (-yn) | *aal* | fork |
| aanrit-boayrd (*yn) | *AAN-rit-BORD* | tablecloth |
| aanrit-jyst (*yn) | *AAN-rit JIST* | tea towel |
| aanrit-laue (*yn) | *AAN-rit-LAA-oo* | towel |
| aarey (aaraghyn) | *AAR-uh (AAR-akh-un)* | ladder |
| aarey-tead (aaraghyn-tead) | *AAR-uh-TED (AAR-akh-un-TED)* | rope ladder |
| aarnieu (aarnieughyn) | *aar-NEW (aar-NEWKH-un)* | snake |
| aashag (-yn) F | *AAZH-ag* | sofa |
| aashagh | *AAZH-akh* | easy |
| abbyrlhit (-yn) | *ABB-er-lit* | alphabet |
| aile (-yn) | *ile* | fire |
| ammyr (-yn) | *AMM-er* | canal |
| apag (-yn) F | *AAP-ag* | monkey |
| apricock (-yn) | *AAP-ri-cock* | apricot |
| ard | *erd* | high |
| ardan (-yn) | *ERD-an* | platform |
| argid | *ERG-id* | money |
| ark (-yn) | *erk* | piglet |
| arkan-sonney (*yn) | *ERK-an-SONN-uh* | hedgehog |
| arpin (-yn) | *ARP-in* | apron |
| arragh (arree) | *ARR-akh* | spring |
| arran | *ARR-an* | bread |
| arraneyder (-yn) | *arr-AAN-uh-der* | singer |
| arran-greddan | *ARR-an-GRETH-an* | toast |
| arroo-frappal | *ARR-oo-FRAPP-al* | popcorn |
| as | *az* | and |
| assyl (-yn) | *AZZ-ul* | donkey |
| assyl-schimmeigagh (*yn) | *AZZ-ul shim-AYG-akh* | zebra |
| aunlyn (-yn) | *OWN-lun* | sauce |
| awin (-yn) F | *OW-in* | river |
| awree (-yn) | *OW-ree* | soup |
| ayr (ayraghyn) | *aar (AAR-akh-un)* | father |

## B

| | | |
|---|---|---|
| baagh-thie (beiyn-thie) | *baakh-TY (BAY-in-TY)* | pet |
| baaieagh (-yn) | *BAA-yakh* | cowshed |
| baatey (baatyn) | *BAATH-uh (BAATH-un)* | boat |
| baatey-ammyr (baatyn-ammyr) | *BAATH-uh-AMM-er (BAATH-un-AMM-er)* | barge |
| baatey-eeastee (baatyn-eeastee) | *BAATH-uh-YEEST-ee (BAATH-un-YEEST-ee)* | fishing boat |
| baatey-pooar (baatyn-pooar) | *BAATH-uh-POO-er (BAATH-un-POO-er)* | motorboat |
| baatey-shiaullee (baatyn-shiaullee) | *BAATH-uh-SHAWL-ee (BAATH-un-SHAWL-ee)* | sailing boat |
| baatey-ymmyrt (baatyn-ymmyrt) | *BAATH-uh-IMM-ert (BAATH-un-IMM-ert)* | rowing boat |
| babban (-yn) | *BABB-an* | doll |

| | | |
|---|---|---|
| babban-tead (*yn) | *BABB-an-TED* | puppet |
| bad (-yn) | *bad* | bat |
| badmyntyn | *BAD-min-tun* | badminton |
| bainney | *BAN-yuh* | milk |
| balley-beg (baljyn-beggey) | *BAL-yuh-BEG (BAL-jun-BEGG-uh)* | village |
| balley-thallooin (baljyn-thallooin) | *BAL-yuh-ta-LOON (BAL-jun-ta-LOON)* | farm |
| bane | *baan* | white |
| barrey-queeylagh (barraghyn-queeylagh) | *BARR-uh-KWEEL-akh (BARR-akh-un-KWEEL-akh)* | wheelbarrow |
| barroose (-yn) | *ba-ROOSS* | bus |
| bastag (-yn) F | *BAST-ag* | basket |
| bastag-wheeylagh (bastagyn-queeylagh) | *BAST-ag-HWEEL-akh (BAST-ag-un-KWEEL-akh)* | trolley |
| bayrn (-yn) | *barn* | cap |
| bayrn-coadee (*yn) | *BARN-KAWTH-ee* | helmet |
| bee | *bee* | food |
| beeal (beill) | *beel (bayl)* | mouth |
| beg | *beg* | small |
| beggan | *BEGG-an* | few |
| beiyn (sg. baagh) | *BAY-in (baakh)* | animals |
| beiyn-thie (sg. baagh-thie) | *BAY-in-TY (baakh-TY)* | pets |
| ben (mraane) F | *bed'n (mraan)* | woman |
| ben-heshey (mraane-sheshey) F | *bed'n-HAAZH-uh (mraan-SHAAZH-uh)* | wife |
| ben-lhee (mraane-lhee) F | *bed'n-L'YEE (mraan-L'YEE)* | doctor (female) |
| ben-lhee ny beiyn F (mraane-lhee ny beiyn) | *bed'n-L'YEE-nuh-BAY-in (mraan-L'YEE-nuh-BAY-in)* | vet (female) |
| ben-phoosee F (mraane-poosee) | *bed'n-FOOZ-ee (mraan-POOZ-ee)* | bride |
| berreen (-yn) F | *berr-EEN* | cake |
| berreen (-yn) laa-ruggyree | *berr-EEN laa-RUGG-er-ee* | birthday cake |
| berrish-feeyney (*yn) F | *BERR-ish-FEEN-uh* | grape |
| bhow (bhowghyn) | *boh (BOH-khin)* | bow |
| billey (biljyn) | *BILL-yuh (BILL-jun)* | tree |
| billey Nollick (biljyn Nollick) | *BILL-yuh-NOLL-ick (BILL-jun-NOLL-ick)* | Christmas tree |
| bink (-yn) F | *bink* | bench |
| bink-obbree (*yn) F | *bink-OBB-ree* | workbench |
| bio | *bl'yoh* | alive |
| birling (-yn) F | *BURL-ing* | yacht |
| bite (-yn) | *bite* | bait |
| blaa (blaaghyn) | *blaa (BLAAKH-un)* | flower |
| blod-queeylagh (bluid-wheeylagh) | *blod-KWEEL-akh (blid-HWEEL-akh)* | roller blade |
| bluckan (-yn) | *BLUGG-an* | ball |
| bluckan-bastag (*yn) | *BLUGG-an-BAST-ag* | basketball |
| bluckan-bun (*yn) | *BLUGG-an-BUN* | baseball |
| bluckan-coshey (*yn) | *BLUGG-an-KAWZH-uh* | football |
| bluckan-coshey (*yn) | *BLUGG-an-KAWZH-uh* | American football |

| Manx | Pronunciation | English |
|---|---|---|
| Americaanagh | a-MAA-rik-AAN-akh | |
| boalley (boallaghyn) | BAWL-uh (BAWL-akh-un) | wall |
| boandey (boandaghyn) | BAWN-duh (BAWN-dakh-un) | tie |
| boandey-lhoobagh (boandaghyn-lhoobagh) | BAWN-duh-LOOB-akh (BAWN-dakh-un-LOOB-akh) | bow tie |
| boandyr (-yn) F | BAWN-der | nurse |
| boayrd (buird) | bord (BOO-erd) | table |
| boayrdal-sniaghtee | BORD-al-SN'YAKH-tee | snowboarding |
| boayrd-bane (buird-vane) | bord-BAAN (BOO-erd-VAAN) | whiteboard |
| boayrd-laue (buird-laue) | bord-LAA-oo (BOO-erd-LAA-oo) | tray |
| boayrd-queeylagh (buird-wheeylagh) | bord-KWEEL-akh (BOO-erd HWEEL-akh) | skateboard |
| boayrd-screeuee (buird-screeuee) | bord-SKR'YOO-ee (BOO-erd-SKR'YOO-ee) | desk |
| boayrd-smoodal (buird-smoodal) | bord-SMOOTH-al (BOO-erd-SMOOTH-al) | ironing board |
| bodjal (-yn) | BAWJ-al | cloud |
| bog | bawg | soft |
| bolg (builg) | bulg (bwilg) | tummy |
| bolt (-yn) | bohlt | bolt |
| booa (booaghyn) F | BOO-uh (BOO-akh-un) | cow |
| bootys (bootsyn) | BOOT-us (BOOTS-un) | boot |
| boteil (-yn) F | bod-AYL | bottle |
| braag (-yn) F | braag | shoe |
| braag-skirree (*yn) F | braag-SKIRR-ee | ice skate |
| braag-spoyrt (*yn) F | braag-SPORT | trainer |
| braar (braaraghyn) | braar (BRAAR-akh-un) | brother |
| braghtan (-yn) | BRAKHT-an | sandwich |
| brat-laare (*yn) | brat-LAAR | carpet |
| brattagh (bratteeyn) | BRATH-akh (BRATH-ee-un) | flag |
| breeck (-yn) F | breek | brick |
| brelleein (-yn) F | bril-YEEN | sheet |
| breshag (-yn) F | BREZH-ag | mat, rug |
| brishey | BRIZH-uh | breaking |
| brishey-trostey | BRIZH-uh-TRAWST-uh | breakfast |
| brishtag (-yn) F | BRISH-chag | biscuit |
| briw (briwnyn) | br'yoo (BR'YOO-nun) | judge |
| brock (-yn) | brock | badger |
| broit (-yn) | brot | soup, broth |
| budjee (-yn) | BUD-jee | budgerigar |
| buffalo (-yn) | BUFF-uh-loe | bison, buffalo |
| buggane-doo (*yn) | bugg-AAN-DOO | scarecrow |
| buggyl (-yn) | BUGG-ul | buckle |
| buitçhoor (-yn) | bwitch-OOR | butcher |
| burgeyr (-yn) | burg-AYR | burger |
| bus (bussyn) | bus (BUSS-un) | bus |
| bussal (-yn) | BUZZ-al | handkerchief |
| bussal-mwannal (*yn) | BUZZ-al-MWANN-al | scarf |
| bussal-pabyr (*yn) | BUZZ-al-PAAB-er | tissue |
| bwaag-eaddee (*yn) F | bwaag-ETH-ee | tent |
| bwaane (-yn) | bwaan | shed, hut |
| bwee | bwee | yellow |

## C

| Manx | Pronunciation | English |
|---|---|---|
| caaidje (-yn) | kaadge | cage |
| caair (-yn) F | kaar | chair |
| caair-chaabyl (caairyn-caabyl) F | kaar-KHAAB-ul (KAAR-un-KAAB-ul) | chairlift |
| caair-hraie (caairyn-traie) F | kaar-HRA-ee (KAAR-un-TRY) | deckchair |
| caair-phuttee (caairyn-puttee) F | kaar-FUTT-ee (KAAR-un-PUTT-ee) | pushchair |
| caair-wheeylagh (caairyn-queeylagh) F | kaar-HWEEL-akh (KAAR-un-KWEEL-akh) | wheelchair |
| caashey | KAAZH-uh | cheese |
| caayl (-yn) | kaal | cabbage |
| cabbyl (cabbil) | KAHV-ul (KAV-il) | horse |
| cabbyl-awin (cabbil-awin) | KAHV-ul-OW-in (KAHV-il-OW-in) | hippopotamus |

| Manx | Pronunciation | English |
|---|---|---|
| cabbyl-leaystee (cabbil-leaystee) | KAHV-ul-LEEST-ee (KAHV-il-LEEST-ee) | rocking horse |
| cadley | KAHD-luh | sleeping |
| caffee | KAFF-ee | coffee |
| caggey | KAHG-uh | fighting |
| cainle (-yn) F | KINE-ul | candle |
| camel (-yn) | KAMM-ul | camel |
| cammag (-yn) F | KAMM-ag | crutch |
| canaaree (-yn) | kan-AAR-ee | canary |
| canastyr (-yn) | KAN-ast-er | tin |
| cannian (-yn) F | KAN-yan | leek |
| cappan (-yn) | KAVV-an | cup |
| carbyd-clienney (*yn) | KARB-id-KLEN-yuh | pram |
| carbyd-lheihys (*yn) | KARB-id-L'YEE-is | ambulance |
| carbyd-mooghee (*yn) | KARB-id-MOOKH-ee | fire engine |
| carbyd-tayrn (*yn) | KARB-id-TARN | breakdown lorry |
| carradje (-yn) F | KARR-adge | carrot |
| carrane (-yn) | kuh-RAAN | sandal |
| carrane-thie (*yn) | kuh-RAAN-TY | slipper |
| carr-donkal (*yn) | karr-DONK-al | bumper car |
| carr-laadee (*yn) | karr-LAAD-ee | lorry |
| carr-ratch (*yn) | karr-RATCH | racing car |
| carr (-yn) ny meoiryn-shee | KARR nuh MER-an SHEE | police car |
| cart (-yn) F | kart | cart |
| cashtal (cashtallyn) | KASH-chal (KASH-chal-un) | castle |
| cashtal-geinnee (cashtallyn-geinnee) | KASH-chal-GENN-yee (KASH-chal-un-GENN-yee) | sandcastle |
| cass (-yn) | kass | foot |
| cassan (-yn) | KAZZ-an | path |
| cassan-breck (*yn) | KAZZ-an-BRECK | crossing |
| cayrn (-yn) | karn | trumpet |
| çhaglym | CHAG-lum | collecting, gathering |
| çheer (çheeraghyn) F | cheer (CHEER-akh-un) | country |
| çheh | chay | hot |
| çhellvane (-yn) | chell-VAAN | telephone |
| çhellveeish (-yn) F | chell-VEESH | television |
| çhengey (çhengaghyn) F | CHIN-yuh (CHIN-yakh-un) | tongue |
| çhentag (-yn) F | CHENT-ag | firework |
| çheu-chooylloo | chow-KHOOL-oo | back, behind |
| çheu-mooie | chow-MOO-ee | outside |
| çheu-sthie | chow-STY | inside |
| çheu-veealloo | chow-VEEL-oo | front, before |
| çhiasseyder (-yn) | CHAZZ-uh-der | radiator |
| çhimlee (-yn) F | CHIM-lee | chimney |
| çhirrym | CHIRR-um | dry |
| clag (cluig) | klag (klig) | bell, clock |
| clagh (-yn) F | klakh | stone |
| cleaysh (-yn) F | kleesh | ear |
| cleeau (cleeaughyn) | kl'yoo (KL'YOOKH-un) | chest |
| cleigh (-yn / cleiyee) | KLAY-ee (KLAY-un) | hedge |
| cleiyder (-yn) | KLAY-der | digger |
| clementeen (-yn) | KLEM-en-teen | clementine |
| cliaghtey corpagh (cliaghtaghyn corpagh) | KL'AKHT-uh-KORP-akh (KL'AKHT-akh-un KORP-akh) | physical exercise |
| cloie | KLA-ee | playing |
| cloieder (-yn) | KLY-der | actor, player |
| clooid (-yn) | klooj | duster |
| clooiesag (yn) F | KLOO-ee-zag | pillow |
| close-cloie (*yn) | klose-KLA-ee | playground |
| coageyder (-yn) | KAWG-uh-der | cooker |
| coagyrey (coagyryn) | KAWG-er-uh (KAWG-er-un) | cook |
| coar (-yn) F | koar | crane |
| co-earrooder (co-earrooderyn) | ko-IRR-oo-der (ko-IRR-oo-der-un) | computer |
| coirrey (coirraghyn) F | KURR-uh (KURR-akh-un) | kettle |
| collag (-yn) F | KOLL-ag | cauliflower |
| condaigyssyn (sg. condaigys) | kon-DAYG-iss-un (kon-DAYG-iss) | opposites |
| conning (conneeyn) F | KUN-ying (KUN-yee-un) | rabbit |
| cooat (-yn) | KOO-at | coat |
| cooat-shamyr (*yn) | KOO-at-SHAAM-er | dressing gown |
| coodagh-plaastyr (*yn) | KOOD-akh-PLAAST-er | plaster cast |
| cooylley-ushtey | KOOL-uh-USH-chuh | lock |

| Manx | Pronunciation | English |
|---|---|---|
| (cooyllaghyn-ushtey) F | (KOOL-akh-un-USH-chuh) | |
| corrag-hoilshey (corragyn-soilshey) F | KORR-ag-HILE-zhuh (KORR-ag-un-SILE-zhuh) | light switch |
| corran (-yn) | KORR-an | crescent |
| corran-bwee (*yn) | KORR-an-BWEE | banana |
| corp-billey (kirp-villey) | korp-BILL-yuh(kirp-VILL-yuh) | log |
| coshee-tead (same pl.) | KAWZH-ee-TED | tightrope walker |
| costrayl (-yn) F | kos-TRAYL | jar |
| cowrey (cowraghyn) | KOW-ruh (KOW-rakh-un) | badge |
| craitnag (-yn) F | KRAT-n'yag | bat |
| crammag (crummeeyn) F | KRAMM-ag (KRUMM-ee-un) | snail |
| cramman (-yn) | KRAMM-an | button |
| craue (-yn) F | krow | bone |
| cray F | kray | clay |
| crayon (-yn) | KRAY-on | crayon |
| creagh (-yn) F | KREE-akh | haystack |
| creg (creggyn) F | kregg (KREGG-un) | rock |
| creoi | KRA-ee | hard |
| cressad (-yn) | KREZZ-ad | lamp |
| criggad | KRIGG-ad | cricket |
| crisp (-yn) | krisp | crisp |
| cro (croiyn) | kroh (KROH-un) | nut |
| croggeeyl (-yn) | krogg-EEL | crocodile |
| cronk (crink/croink/cruink) | kronk (krink) | hill |
| cront-bleihghyn (cruint-vleihghyn) | kront-BLY-khun (kroont-VLY-khun) | jigsaw |
| crossag-varrey (crossagyn-marrey) F | KROZZ-ag-VAH-ruh (KROZZ-ag-un-MAH-ruh) | starfish |
| crou (croughyn) F | krow (KROWKH-un) | tyre |
| cruick (-yn) F | KROO-ick | bucket |
| cruinnag (-yn) F | KROON-yag | bulb |
| cruinneen (-yn) | kroon-YEEN | bead |
| cruinney (cruinnaghyn) F | KROON-yuh (KROON-yakh-un) | globe |
| cryss (-yn) | kriss | belt |
| cryttal | KRITT-al | knitting |
| cubbyrt (-yn) | KUBB-ert | cupboard |
| cucower (-yn) | kuh-COW-er | cucumber |
| cughlin (-yn) | KUKH-lin | cone |
| cummaghyn (sg. cummey) | KUMM-akh-un (KUMM-uh) | shapes |
| cummal-rea (*yn) | KUMM-al-RAY | flat |
| curleid-rangagh (curleidyn-frangagh) F | kur-LAYD-RANG-akh (kur-LAYD-un-FRANG-akh) | duvet |
| curn-spreih (*yn) | kurn-SPRY | watering can |
| curtan (-yn) | KURT-an | curtain |
| cussan (-yn) | KUZZ-an | cousin |

## D

| Manx | Pronunciation | English |
|---|---|---|
| daaghyn (sg. daah) | DAA-un (daa) | colours |
| daa-yeig | daa-yegg | twelve |
| daa-wheeyl (-yn) | DAA-hweel | bicycle |
| daa-wheeylaght F | daa-HWEEL-akh | cycling |
| daiman (-yn) | DY-man | diamond |
| daunseyr (-yn) | down-SAY-er | dancer |
| daunsin | DOWN-sin | dancing |
| deal (-yn) | dayl | plank |
| dean (-yn) | dayn | target |
| deyllag-vreck (deyllagyn-breck) F | DAYL-ag-VRECK (DAYL-ag-un-BRECK) | ladybird |
| dhiane (-yn) | dy-AAN | worm |
| dhone | dohn | brown |
| doagh-hroailt (doaghyn-troailt) F | dawkh-HRAWLT (DAWKH-un-TRAWLT) | tanker |
| doallan-slat (*yn) | DAWL-an-SLAT | blind |
| doarnane-dorrys (*yn) | dawr-NAAN-DORR-iss | door handle |
| doillee | DULL-yee | difficult |
| dollan (-yn) | DOLL-an | drum |
| doo | doo | black |
| dooinney (deiney) | DUN-yuh (DAYN-yuh) | man |
| dooinney-aitt (deiney-aitt) | DUN-yuh-ATCH (DAYN-yuh-ATCH) | clown |
| dooinney-poosee (deiney-poosee) | DUN-yuh-POOZ-ee (DAYN-yuh-POOZ-ee) | bridegroom |
| dooinney-sheshey (deiney-sheshey) | DUN-yuh-SHAAZH-uh (DAYN-yuh-SHAAZH-uh) | husband |
| dooint | doont | closed |
| doo-oalee (*yn) | doo-AWL-ee | spider |
| doourchoo (doourchoyin) | DOO-er-KHOO (DOO-er-KHOHN) | beaver |
| dorraghey | DORR-akh-uh | dark |
| dorrys (dorryssyn) | DORR-iss (DORR-iss-un) | door |
| drappal | DRAPP-al | climbing |
| dreeym (dreeyminyn) | dreem (DREEM-in-un) | back |
| driaght-pabyr (driaghtyn-pabyr) | DRY-akh-PAAB-er (DRY-akht-un-PAAB-er) | paper chain |
| dridal | DRITH-al | jogging |
| droghad (-yn) | DROKH-ud | bridge |
| druight | drookh | dew |
| dubbey beg (dubbaghyn beggey) | DUBB-uh-BEG (DUBB-akh-un-BEGG-uh) | puddle |
| duillag (-yn) F | DULL-yag | leaf |
| DVD (-yn) | dee-vee-dee | DVD |

## E

| Manx | Pronunciation | English |
|---|---|---|
| eaddagh | ETH-akh | clothes, clothing |
| eaddagh-breagey | ETH-akh-BRAYG-uh | fancy dress |
| eaddagh-oie | ETH-akh-EE | pyjamas |
| eaddagh-snaue | ETH-akh-SNAA-oo | swimsuit |
| eairk (-yn) | urk | horn |
| earrooyn (sg. earroo) | IRR-oo-un (IRR-oo) | numbers |
| eas (eassyn) | ass (ASS-un) | waterfall |
| eayn (eayin) | EE-un (AY-in) | lamb |
| eaynin (-yn) | AY-nin | cliff |
| eayst (-yn) F | ayst | moon |
| eeast (-yn) | yeest | fish |
| eeast-airhey (*yn) | yeest-AAR-uh | goldfish |
| eeasteyr (-yn) | yeest-AYR | fisherman |
| eean-kirkey (ein-chirkey) | YEE-un-KURK-uh (AY-in-KHURK-uh) | chicks |
| eean-thunnag (ein-hunnag) | YEE-un-TUNN-ag (AY-in-HUNN-ag) | duckling |
| eesyl (-yn) | EEZ-ul | easel |
| eeym F | eem | butter |
| edd (idd) | ed (id) | hat, nest |
| edd-ard (idd-ard) | ed-ERD (id-ERD) | top hat |
| edd-greiney (idd-ghreiney) | ed-GRAYN-yuh (id-GHRAYN-yuh) | sunhat |
| eddin (-yn) F | ETH-in | face |
| eggey doo-oalee (eggaghyn doo-oalee) | EGG-uh-doo-AWL-ee (EGG-akh-un-doo-AWL-ee) | cobweb |
| eirinagh (eirinee) | AY-rin-yakh (AY-rin-yee) | farmer |
| elephant (-yn) | ELL-uh-fant | elephant |
| ellan (-yn) | ELL-yan | island |
| ellyneyr (-yn) | ell-un-AY-er | artist |
| emshyr F | EM-sher | weather |
| er y laue chiare | aar-uh-LAA-oo-KH'YAAR | left |
| er y laue yesh | aar-uh-LAA-oo-YESH | right |
| etlag (-yn) F | ET-lag | kite |
| etlan (-yn) | ET-lan | aeroplane |
| etlan-cassee (*yn) | ET-lan-KAH-zee | helicopter |

## F

| Manx | Pronunciation | English |
|---|---|---|
| faastguin (-yn) | FAAST-gwin | sponge |
| faggys | FAH-giss | near |
| fainagh (fainee) | FAY-nakh (FAY-nee) | carriage |
| fainaghyn-ceau (pl.) | FAAN-yakh-un-K'YOW | hoop-la |
| fainey (fainaghyn) | FAAN-yuh (FAAN-yakh-un) | ring |
| faiyr | FAY-er | grass |
| famlagh | FAMM-lakh | seaweed |
| famman (-yn) | FAMM-an | tail |
| far-chiarkyl (far-chiarkil) | farr-KH'YARK-ul (farr-KH'YARK-il) | oval |
| far-eddin (-yn) | farr-ETH-in | mask |
| far-hamyr (-yn) | farr-H'YAAM-er | hall |
| farkiaght | FARK-ee-akh | waiting |
| farkyl-toshee (farkil-hoshee) | FARK-ul-TOZH-ee (FARK-il-HOZH-ee) | bonnet |

| Manx | Pronunciation | English |
|---|---|---|
| fastyr (-yn) | FAST-er | afternoon, evening |
| feaillerey (feailleryn) | FAYL-yer-uh (FAYL-yer-un) | calendar |
| feayr | foor / feer | cold |
| feddan (-yn) | FETH-an | whistle |
| feddan-millish (*yn) | FETH-an-MILL-ish | recorder |
| feeackle (feeacklyn) F | FEEG-ul (FEEG-lun) | tooth |
| feeackleyr (-yn) | feeg-LAY-er | dentist |
| feed | feed | twenty |
| feeaih (-ee) | FEE-eye (FEE-eye) | deer |
| feeaih-Loghlynnagh (*ee) | FEE-eye-LOKH-lin-akh | reindeer |
| feill (-yn) F | fayl | meat |
| feill-chirkey F | fayl-KHURK-uh | chicken |
| fendeilagh (fendeilee) | fend-YAYL-akh (fend-YAYL-ee) | buffer |
| fer-lhee (fir-lhee) | ferr-L'YEE (firr-L'YEE) | doctor (male) |
| fer y phost (fir y phost) | ferr-uh-FOHST (firr-uh-FOHST) | postman |
| figgan (-yn) | FIGG-an | hoop |
| finneig (-yn) F | finn-YAYG | canoe |
| fiorag (-yn) F | F'YOR-ag | squirrel |
| fliaghey | fl'yah / FL'YAH-ghuh | rain |
| fliugh | fl'yukh | wet |
| flooyr | FLOO-er | flour |
| fo | fo | under |
| foaddan (-yn) | FAWTH-an | match |
| foddey | FAWTH-uh | far |
| fodreayrtan (-yn) | fawth-REERT-an | telescope |
| fo-hroosyn (pl.) | fo-HROOZ-un | underpants |
| foillan (-yn) | FOHL-yun | seagull |
| foillycan (-yn) | FOLL-yuk-an | butterfly |
| fo-lheiney (fo-lheintyn) F | fo-L'YAYN-yuh (fo-L'YAYN-chun) | vest |
| follaghey | FOLL-akh-uh | hiding |
| foilleyraght-chroghee F | fohl-YAYR-akh-KHRAWKH-ee | hang-gliding |
| follym | FOLL-um | empty |
| folt | folt | hair |
| folteyr (-yn) | folt-AY-er | hairdresser |
| foshlit | FAWZH-lit | open |
| fouyr (-yn) | FOW-er | autumn |
| fovarrane (-yn) | FO-va-RAAN | submarine |
| frass-oonlee (*yn) | frass-OON-lee | shower |
| frynepan (frynepannyn) | FRYN-pan (FRYN-pan-un) | frying pan |
| fuinneyder (-yn) | FOON-yuh-der | baker |
| fuygh | FA-ee | wood |
| fyseid (-yn) | fizz-AYD | tap |

## G

| Manx | Pronunciation | English |
|---|---|---|
| gaih (gaihaghyn) | GA-ee (GY-akh-un) | toy |
| gansee (-yn) | GANZ-ee | jumper |
| gansee-foshlee (*yn) | GANZ-ee-FAWZH-lee | cardigan |
| garaghtee | GAYR-akh-tee | laughing |
| garran (-yn) | GARR-an | pony |
| gass-iu (gish-iu) | gas-YOO (gish-YOO) | straw |
| geaishtagh | GAYSH-chakh | listening |
| geay (geayaghyn) F | GEE-a (GEE-akh-un) | wind |
| geaylin (geayltyn) | GEEL-un (GEEL-chun) | shoulder |
| gee | gee | eating |
| geeastagh | GEEST-akh | fishing |
| gcurcy (geuraghyn) | G'YOW-ruh (G'YOW-rakh-un) | winter |
| giare | g'yaar | short |
| giarrey | G'YARR-uh | cutting |
| giarreyder-faiyr (*yn) | G'YARR-uh-der-FAY-er | lawnmower |
| giat (giattyn) | g'yat (G'YAT-un) | gate |
| giense (-yn) | g'yinss | party |
| gioot (-yn) | g'yoot | gift |
| giu | g'yoo | drinking |
| glass, geayney | glass, GEEN-yuh | green |
| glassage (-yn) F | glazz-AAG | locker |
| glassan (-yn) | GLAZZ-an | salad |
| gleashtan (-yn) | GLAYSH-chan | car |
| gleck sumo | gleck-SOOM-oe | sumo wrestling |
| glen | glen | clean |
| gless (-yn) F | gless | glass |
| gless-hiass (glessyn-çhiass) F | gless-H'YASS (GLESS-un-CHASS) | thermometer |
| gless-huarystal (glessyn-tuarystal) F | gless-HURR-ist-ul (GLESS-un-TURR-ist-ul) | mirror |
| glioon (-yn) F | gl'yoon | knee |
| glooie | GLOO-ee | glue |
| goaill | GAW-il | taking |
| goaill arrane | GAW-il-a-RAAN | singing |
| goaldagh (goaldee) | GAWL-dakh (GAWL-dee) | guest |
| goayr (goair) F | gawr (GAW-ir) | goat |
| gob (gib) | gob (gib) | beak |
| gollage (-yn) F | goll-AAG | garden fork |
| goll-twoaie (*yn) | goll-TOO-ee | rainbow |
| goon (-yn) | goon | dress |
| goonlaghey | GOON-lakh-uh | bathing, washing |
| goon-oie (*yn) | goon-EE | nightdress |
| gorilley (gorillaghyn) | gorr-ILL-uh (gorr-ILL-akh-un) | gorilla |
| gorrym | GORR-um | blue |
| gorrym-jiarg | GORR-um-JERG | purple |
| greeishyn (sg. greeish) F | GREESH-un (greesh) | stairs, steps |
| greie (-yn) | GRAY-ee | engine, machine |
| greie-niee (*yn) | GRAY-ee-N'YEE | washing machine |
| greie-tiggad (*yn) | GRAY-ee-TIGG-ad | ticket machine |
| greimmeyder (-yn) | GRIMM-uh-der | vice |
| grian (-yn) F | GREE-an | sun |
| grine (-yn) brishey-trostey | GRINE-BRIZH-uh-TRAWST-uh | breakfast cereal |
| guilley (guillyn) | GILL-yuh (GILL-yun) | boy |
| guiy (guioee) | GAY-ee (G'YOH-ee) | goose |
| gymmyrkey | GIMM-erk-uh | carrying |
| gymmyrt | GIMM-ert | rowing |
| gytayrn (-yn) | git-ARN | guitar |

## H

| Manx | Pronunciation | English |
|---|---|---|
| harrish | HARR-ish | over |
| heese | heess | down |
| heose | hohss | up |
| hoght | harkh | eight |
| hoght-jeig | harkh-jegg | eighteen |
| hullad (-yn) F | HULL-ad | owl |

## I

| Manx | Pronunciation | English |
|---|---|---|
| imbaghyn (sg. imbagh) | IMM-bakh-un (IMM-bakh) | seasons |
| immanagh (immanee) | IMM-an-akh (IMM-an-ee) | driver |
| immanagh-bus (immanee-bus) | IMM-an-akh-BUS (IMM-an-ee-BUS) | bus driver |
| immanagh carr-laadee (immanee carr-laadee) | IMM-an-akh-karr-LAAD-ee (IMM-an-ee-karr-LAAD-ee) | lorry driver |
| injil | IN-jul | low |
| inneen (-yn) F | in-YEEN | girl |

## J

| Manx | Pronunciation | English |
|---|---|---|
| jaagh F | jaakh | smoke |
| jaggad (-yn) F | JAGG-ad | jacket |
| jalloo (-yn) | JOLL-oo | picture |
| jallooder-shamraig (*yn) | JOLL-oo-der-sham-RAYG | photographer |
| jalloo-shamraig (*yn) | JOLL-oo-sham-RAYG | photograph |
| jannoo | JINN-oo | doing, making |
| jargan-leaghyr (*yn) | JARG-an-LEEKH-er | lizard |
| jeeaghyn er | JEEKH-un-aar | looking at, watching |
| jeelt (-yn) F | jeelt | saddle |
| jeenyn (pl.) | JEEN-un | jeans |
| jees | jeess | two |
| Jecrean | juh-KRAYN | Wednesday |
| Jedoonee | juh-DOON-ee | Sunday |
| Jeheiney | juh-HAYN-yuh | Friday |
| jeih | JA-ee | ten |
| Jelune | juh-LAYN / juh-LOON | Monday |
| Jemayrt | juh-MERT | Tuesday |
| Jerdein | juh-DAYN | Thursday |
| Jesarn | juh-SARN | Saturday |
| jesheen-wannalagh | jezh-EEN-WANN-al-akh | necklace |

| Manx | Pronunciation | English |
|---|---|---|
| (jesheenyn-mwannalagh) | (jesh-EEN-MWANN-al-akh) | |
| jiarg | jerg | red |
| jiarg-bane | jerg-BAAN | pink |
| jiarg-bwee | jerg-BWEE | orange |
| jingan | JING-an | jam |
| jinnair (-yn) | jinn-AYR | dinner |
| jioleyder (-yn) | JOLE-uh-der | vacuum cleaner |
| Jishig y Nollick | JIZH-ig uh NOLL-ick | Father Christmas |
| judo | JOO-doe | judo |
| jymnastaght F | jim-NAST-akh | gymnastics |

## K

| Manx | Pronunciation | English |
|---|---|---|
| kaart-çheerey (*yn) | KERT-CHEER-uh | map |
| kaart (-yn) laa-ruggyree | KERT-laa-RUGG-er-ee | birthday card |
| kaartyn (sg. kaart) | KERT-un (kert) | playing cards |
| kangaroo (-yn) | KANG-a-ROO | kangaroo |
| karate | kuh-RAH-tee | karate |
| kay F | kay | mist |
| kayt (kiyt) | ket (kit) | cat |
| kay-vroghe F | kay-VRAWKH | fog |
| keayney | KAYN-yuh | crying |
| keeaght (-yn) | KEE-akh | plough |
| kelk (-yn) | kelk | chalk |
| kellagh (kellee) | KELL-yakh (KELL-yee) | cockerel |
| kellagh-frangagh (kellee-rangagh) | KELL-yakh-FRANG-akh (KELL-yee-RANG-akh) | turkey |
| kere (-yn) F | keer | comb |
| kerrin (-yn) | KERR-in | square |
| key | kay | cream |
| key-greiney | kay-GRAYN-yuh | suncream |
| keyll (keylljyn) F | kell (KEll-jun) | forest, wood |
| keyrrey (kirree) F | KUR-uh (KIRR-ee) | sheep |
| kiangley (kianglaghyn) | K'YAN-luh (K'YAN-lakh-un) | bandage |
| kiap (kiappyn) | K'YAP (K'YAP-un) | block |
| kiap-kerrinagh (kiappyn-kerrinagh) | K'YAP-KERR-in-akh (K'YAP-un-KERR-in-akh) | cube |
| kiare | k'yair | four |
| kiare-chuilleig (-yn) F | K'YAAR-khool-YAYG | rectangle |
| kiare-jeig | k'yaar-jegg | fourteen |
| kiark (-yn) F | k'yark | hen |
| kiarkyl (kiarkil) | K'YARK-ul (K'YARK-il) | circle |
| kiarkys (kiarkyssyn) | K'YARK-iss (K'YARK-iss-un) | circus |
| kibbin (-yn) | KIVV-in | peg |
| kiebbey (kiebbaghyn) | K'YEV-uh (K'YEV-akh-un) | spade |
| kione (king) | k'yown / k'yohn (king) | head |
| kione-snaue (king-snaue) | k'yown- / k'yohn-SNAA-oo (king-SNAA-oo) | tadpole |
| kionnaghey | K'YONN-akh-uh | buy |
| kionnan (-yn) | K'YONN-an | bale |
| kirbyl (kirbil) | KURB-ul (KURB-il) | lunch |
| kishan-pabyr (*yn) | KIZH-an-PAAB-er | wastepaper bin |
| kishtaghan (-yn) | KISH-chakh-un | chest of drawers |
| kishteig-hayrn (kishteigyn-tayrn) F | kish-CHAYG-HARN (kish-CHAYG-un-TARN) | drawer |
| kishtey (kishtaghyn) | KISH-chuh (KISH-chakh-un) | box |
| kishtey-argid (kishtaghyn-argid) | KISH-chuh-ERG-id (KISH-chakh-un-ERG-id) | money box |
| kishtey-cullee (kishtaghyn-cullee) | KISH-chuh-KULL-ee (KISH-chakh-un-KULL-ee) | toolbox |
| kishtey-peint (kishtaghyn-peint) | KISH-chuh-PAYNT (KISH-chakh-un-PAYNT) | paint box |
| kishtey-pooar (kishtaghyn-pooar) | KISH-chuh-POO-er (KISH-chakh-un-POO-er) | battery |
| kishtey-rio (kishtaghyn-rio) | KISH-chuh-R'YOH (KISH-chakh-un-R'YOH) | fridge |
| kishtey-scudlee (kishtaghyn-scudlee) | KISH-chuh-SKUD-lee (KISH-chakh-un-SKUD-lee) | suitcase |
| kishtey-trustyr (kishtaghyn-trustyr) | KISH-chuh-TRUST-er (KISH-chakh-un-TRUST-er) | rubbish bin |
| kyaghan (-yn) | KEE-akh-an | mole |

## L

| Manx | Pronunciation | English |
|---|---|---|
| laagh F | laakh | mud |
| laare (-yn) F | laar | floor |
| lagg-geinnee (ligg-gheinnee) | lag-GENN-yee (ligg-GHENN-yee) | sandpit |
| laa (laghyn) | laa (LAA-un / LAAGH-un) | day |
| Laa Nollick | laa-NOLL-ick | Christmas day |
| laa-poosee (laghyn-poosee) | laa-POOZ-ee (LAA-un-POOZ-ee) | wedding day |
| laa-ruggyree (laghyn-ruggyree) | laa-RUGG-er-ee (LAA-un-RUGG-er-ee) | birthday |
| laghyn (sg. laa) | LAA-un / LAAGH-un (laa) | days |
| laghyn er lheh | LAA-un aar L'YAY | special days |
| laghyn-seyrey (sg. laa-seyr) | LAA-un-SAAR-er (laa-SAAR) | holidays |
| lane | led'n | full |
| laue (-yn) F | LAA-oo | hand |
| lauean (lauenyn) | LOW-an (LOW-nun) | glove |
| laue-chluickeyder (-yn) | LAA-oo-KHLIGG-uh-der | juggler |
| leaystane (-yn) | leest-AAN | swing |
| lettys (lettyssyn) | LETT-iss (LETT-iss-un) | lettuce |
| lhaih | L'YA-ee | reading |
| lheeah | LEE-uh | grey |
| lheim | l'yim | jumping |
| lheimmeyder-leaystane (*yn) | L'YIM-uh-der-leest-AAN | trapeze artist |
| lheimmeyder-marrey (*yn) | L'YIM-uh-der-MAH-ruh | dolphin |
| lheiney (lheintyn) F | L'YAYN-yuh (L'YAYN-chun) | shirt |
| lheiney-spoyrt (lheintyn-spoyrt) F | L'YAYN-yuh-SPORT (L'YAYN-chun-SPORT) | sweatshirt |
| lheiney-T (lheintyn-T) F | L'YAYN-yuh-TEE (L'YAYN-chun-TEE) | T-shirt |
| lheiy (lheiyee / lheiyeeyn) | LAY-ee (LAY-ee / LAY-ee-un) | calf |
| lhemeen (-yn) | l'yimm-EEN | moth |
| lhiabbee (lhiabbaghyn) F | L'YAH-vee (L'YAH-vakh-un) | bed |
| lhiack-voalley (lhick-voalley) F | l'yack-VAWL-uh (l'yick-VAWL-uh) | tile |
| lhong (-yn) F | lung | ship |
| lhongey-mooie (lhongaghyn-mooie) | LUNN-yuh-MOO-ee (LUNN-yakh-un-MOO-ee) | picnic |
| lhong-ooill (*yn) F | lung-OO-il | oil tanker |
| lhong-spoar (*yn) F | lung-SPAWR | spaceship |
| liauyr | LOW-er | long |
| lieckan (-yn) | L'YEGG-an | cheek |
| lieen (lieenteenyn) | l'yeen (l'yeen-TEEN-un) | net |
| lieen-sauçhys (lieenteenyn-sauçhys) | l'yeen-SOW-chus (l'yeen-TEEN-un-SOW-chus) | safety net |
| limon (-yn) | LIMM-an | lemon |
| lioar (-yn) F | l'yawr | book |
| lioar-screeuee (*yn) | l'yawr-SKR'YOO-ee | notebook, writing book |
| lion (-yn) | LY-an | lion |
| lion-schimmeigagh (*yn) | LY-an-shim-AYG-akh | tiger |
| lion-spottagh (*yn) | Ly-an-SPOTH-akh | leopard |
| loayrt | lawrt | speaking, talking |
| locker (-yn) | LOCK-er | plane |
| logh (-yn) F | larkh | lake |
| loghan (-yn) | LARKH-an | pond, small lake |
| loghan-snaue (*yn) | LARKH-an-SNAA-oo | swimming pool |
| lorg (luirg) | lorg (LOO-erg) | pole |
| losserey (lossreeyn) F | LAWZ-er-uh (LAWZ-ree-un) | vegetable |
| lout-traagh (*yn) | lowt-TRAAKH | hayloft |
| lugh (lughee) F | lukh (LUKH-ee) | mouse |
| lught-thie (*yn) | lukh-TY | family, household |
| lus (lussyn) F | luss (LUSS-un) | plant |

## M

| Manx | Pronunciation | English |
|---|---|---|
| maaig (-yn) F | maag | flipper, paw |
| mac (mec) | mack (meck) | son |
| magher (-yn) | MAH-er (MAH-run) | field |
| maidjey (maidjyn) | MAH-juh (MAH-jun) | stick |
| maidjey-corragh (maidjyn-corragh) | MAH-juh KORR-akh (MAH-jun-KORR-akh) | seesaw |

| | | |
|---|---|---|
| maidjey-ee (maidjyn-ee) | *MAH-juh-EE (MAH-jun-EE)* | chopstick |
| maidjey-raue (maidjyn-raue) | *MAH-juh-ROW (MAH-jun-ROW)* | oar |
| maidjey-shee (maidjyn-shee) | *MAH-juh-SHEE (MAH-jun-SHEE)* | ski pole, stick |
| maidjey-shooyl (maidjyn-shooyl) | *MAH-juh-SHOOL (MAH-jun-SHOOL)* | walking stick |
| mainshtyr (-yn) y chiarkys | *MINES-cher uh KH'YARK-us* | ringmaster |
| mair (-yn / meir) F | *mayr (MAYR-un / meer)* | finger |
| mair-choshey (mairyn-coshey / meir-choshey) F | *mayr-KHAWZH-uh (MAYR-un-KAWZH-uh / meer-KHAWZH-uh)* | toe |
| margey (margaghyn) | *MARG-uh (MARG-akh-un)* | market |
| markiagh gyn jeelt (markee gyn jeelt) | *MARK-yakh ginn JEELT (MARK-yee ginn JEELT)* | bareback rider |
| markiagh un-wheeyl unicyclist (markee un-wheeyl) | *MARK-yakh UN-hweel (MARK-yee UN-hweel)* | trick cyclist, |
| markiaght | *MARK-yakh* | riding |
| markiaght-çhyndaa (*yn) | *MARK-yakh-chin-DAA* | roundabout |
| marroo | *MARR-oo* | dead |
| medshin (-yn) | *MED-shin* | medicine |
| mee-hene | *mee-HEED'N* | myself |
| meihaghyn (pl.) | *MY-akh-un* | scales |
| meill (-yn) F | *mayl (MAYL-un)* | lip |
| meilley (meillaghyn) | *MELL-yuh (MELL-yakh-un)* | bowl |
| meilley-oonlee (meillaghyn-oonlee) | *MELL-yuh-OON-lee (MELL-yakh-un-OON-lee)* | washbasin |
| meinn-saaue F | *mayn-SOW* | sawdust |
| melloon (-yn) | *mell-OON* | melon |
| meoir-shee (*yn) | *mer-SHEE* | policeman, policewoman |
| mess (-yn) | *MESS-un* | fruit |
| mie | *my* | good |
| miljan (-yn) | *MILL-jun* | sweet |
| mill | *mill* | honey |
| milleen (-yn) | *mill-YEEN* | pill |
| moal | *mawl* | slow |
| moddey (moddee) | *MAWTH-uh (MAWTH-ee)* | dog |
| moddey-keyrragh (moddee-cheyrragh) | *MATH-uh-KUR-akh (MAWTH-ee-KHUR-akh)* | sheepdog |
| moddey-oaldey (moddee-oaldey) | *MAWTH-uh-AWL-duh (MAWTH-ee-AWL-duh)* | wolf |
| moggaid (-yn) | *mogg-AYD* | plate |
| moghrey (moghreeyn) | *MORR-uh (MORR-ee-un)* | morning |
| moidjyn-phoosee (moidjynyn-poosee) F | *MUD-jin-FOOZ-ee (MUD-jin-un-POOZ-ee)* | bridesmaid |
| moir (moiraghyn) F | *MOH-er (MOH-rakh-un)* | mother |
| mollag (-yn) F | *MOLL-ag* | balloon |
| mollag aer-çheh (mollagyn aer-çheh) F | *MOLL-ag aar-CHAY (MOLL-ag-un aar-CHAY)* | hot-air balloon |
| mollee (-yn) F | *MOLL-ee* | eyebrow |
| mongey | *MONG-uh* | smiling |
| mooar | *MOO-er* | big |
| mooarane | *moo-RAAN* | many |
| moogheyder-aile (-yn) | *MOOKH-uh-der-ILE* | fireman |
| mooir (mooiraghyn) F | *MOO-er (MOO-rakh-un)* | sea |
| muc (muckyn) F | *muck (MUCK-un)* | pig |
| muc-ghinnee (muckyn-ginnee) | *muck-GHINN-ee (MUCK-un-GINN-ee)* | guinea pig |
| mucawin (-yn) | *muck-OW-in* | bear |
| mucawin-sheenagh (*yn) | *muck-OW-in-SHEEN-akh* | panda |
| mucklagh (muckleeyn) | *MUCK-lakh (MUCK-lee-un)* | pigsty |
| mullagh-thie (mulleeyn-thie) | *MULL-akh-TY (MULL-ee-un-TY)* | roof |
| mullagh-shamyr (mulleeyn-shamyr) | *MULL-akh-SHAAM-er (MULL-ee-un-SHAAM-er)* | ceiling |
| mwannal (mwannallyn) | *MWANN-ul (MWANN-ul-un)* | neck |
| mwannalagh (mwannalee) | *MWANN-ul-akh (MWANN-ul-ee)* | giraffe |
| mwarree (-yn) F | *MWAH-ree* | grandmother |
| mwyllin-gheayee (mwyljyn-geayee) F | *MULL-yin-GHAY-ee (MULL-jin-GAY-ee)* | windmill |

## N

| | | |
|---|---|---|
| naim (-yn) | *naym* | uncle |
| nane | *naan* | one |
| nane-jeig | *naan-jegg* | eleven |
| nannys (nannyssyn) | *NANN-iss (NANN-iss-un)* | pineapple |
| naunt (-yn) F | *nawnt* | aunt |
| nieeder-gleashtan (*yn) | *N'YEE-der-GLAYSH-chun* | car wash |
| noa | *no* | new |
| noirid (-yn) | *NORR-id* | orange |
| nuy | *NA-ee / nee* | ninc |
| nuy-jeig | *NA-ee-JEGG / nee-jegg* | nineteen |

## O

| | | |
|---|---|---|
| oashyr (-yn) F | *AW-zher* | sock |
| oashyryn-lheshey (pl.) F | *AW-zher- un-LEZH-uh* | tights |
| oayrd (-yn) | *ord* | hammer |
| obbrinagh (obbrinee) | *OB-rinn-akh (OB-rinn-ee)* | mechanic |
| ogher (-yn) F | *AWKH-er* | key |
| oie (oieghyn) F | *ee (EEKH-un)* | night |
| oikan (-yn) | *IGG-an* | baby |
| olk | *ulk* | bad |
| ollan-chadee F | *OLL-an-KHAATH-ee* | cotton wool |
| ollay (ollee) F | *OLL-uh (OLL-ee)* | swan |
| ooh (-yn) F | *oo* | egg |
| ooh-freeghit (*yn) F | *oo-FREEKH-it* | fried egg |
| ooh-vroiet (oohyn-broiet F) | *ooh-VRY-it (OO-un-BRY-it)* | boiled egg |
| oohagan (-yn) | *OO-ag-un* | omelette |
| ooill (-yn) F | *OO-il* | oil |
| ooir F | *OO-er* | soil |
| ooreyder (-yn) | *OO-ruh-der* | watch |
| ooyl (-yn) F | *ool* | apple |
| ooyl-ghraih (ooylyn-graih) F | *ool-GHRA-ee (OOl-un-GRA-ee)* | tomato |
| ooylagh (-yn) | *OOL-akh* | orchard |
| orçh F | *orch* | rubbish |
| ordaag (-yn) F | *or-DAAG* | thumb |
| organe-beeal (*yn) | *or-GAAN-BEEL* | mouth organ |
| ostriçh (-yn) | *OST-rich* | ostrich |

## P

| | | |
|---|---|---|
| paalan (-yn) | *PAAL-an* | tent |
| pabyr (-yn) | *PAAB-er* | paper |
| pabyr-aitt (*yn) | *PAAB-er-ATCH* | comic |
| pabyr-geinnee (*yn) | *PAAB-er-GENN-yee* | sandpaper |
| pabyr-naight (*yn) | *PAAB-er-NY-akh* | newspaper |
| pabyr-premmee (*yn) | *PAAB-er-PREMM-ee* | toilet paper |
| paggan (-yn) | *PAGG-an* | nappy |
| pairk (-yn) | *perk* | park |
| paitçhey (paitçhyn) | *PAA-chuh (PAA-chun)* | child |
| pannag (-yn) F | *PANN-ag* | pancake |
| panney (pannaghyn) | *PANN-uh (PANN-akh-un)* | saucepan |
| parrad (-yn) | *PARR-ad* | parrot |
| partan (-yn) | *PART-an* | crab |
| pash-hey (pashyn-tey) | *pash-HAY (PASH-un-TAY)* | teapot |
| pedryl | *PED-rul* | petrol |
| peear (-yn) | *peer* | pear |
| peetsey (peetsaghyn) | *PEET-suh (PEET-sakh-un)* | pizza |
| peint (-yn) F | *paynt* | paint |
| peint-eddin (*yn) F | *paynt-ETH-in* | face paint |
| peintal | *PAYNT-al* | painting |
| peinteyr (-yn) | *paynt-AY-er* | painter |
| pelican (-yn) | *PELL-ick-un* | pelican |
| pemmad (-yn) | *PEMM-ad* | pavement |
| penguin (-yn) | *PEN-gwin* | penguin |
| penn (-yn) | *pen* | pen |
| penn felt-virragh (pennyn felt-virragh) | *PEN felt-VIRR-akh (PEN-un felt-VIRR-akh)* | felt-tip pen |
| penn-leoaie (*yn) | *pen-LUH-ee* | pencil |
| pershagh (-yn) | *PURSH-akh* | peach |
| pianney (piannaghyn) | *pee-YANN-uh (pee-YANN-akh-un)* | piano |
| pibbyr | *PIBB-er* | pepper |
| piob (-yn) F | *peeb* | pipe |

| | | |
|---|---|---|
| pioban (-yn) | *PEEB-an* | (hose) pipe |
| pishin | *PIZH-in* | kitten |
| (pishinyn / pisheeyn) | *(PIZH-in-un / PIZH-ee-un)* | |
| pishyr (-yn) F | *PIZH-er* | pea |
| plaastyr-lhiantagh (*yn) | *PLAAST-er-L'YANT-akh* | sticking plaster |
| planaid (-yn) | *plan-AYD / PLAN-ad* | planet |
| plumbys (plumbyssyn) | *PLUM-biss (PLUM-biss-un)* | plum |
| poagey (poagaghyn) | *PAWG-uh (PAWG-akh-un)* | bag |
| poagey-drommey | *PAWG-uh-DROMM-uh* | backpack |
| (poagaghyn-drommey) | *(PAWG-akh-un-DROMM-uh)* | |
| poanrey (poanraghyn) | *PAWN-ruh (PAWN-rakh-un)* | bean |
| poggaid / poggad (-yn) | *pogg-AYD / POGG-ad* | pocket |
| poodyr-niee (*yn) | *POOTH-er-N'YEE* | washing powder |
| possan-kiaullee (*yn) | *POZZ-an-K'YAWL-ee* | band |
| post-soilshey (*yn) | *post-SILE-zhuh* | lamp post |
| post-stiuree (*yn) | *post-STEW-ree* | signpost |
| pot-peint (puit-pheint) | *pot-PAYNT (POO-it-FAYNT)* | paint pot |
| praase (-yn) | *praas* | potato |
| praaseyn-lahnit (pl.) | *PRAAZ-un-LAH-nit* | mashed potatoes |
| praddag (-yn) F | *PRATH-ag* | caterpillar |
| premmee (-yn) F | *PREMM-ee* | toilet |
| press-eaddee (*yn) | *press-ETH-ee* | wardrobe |
| pronnag (-yn) F | *PRONN-ag* | sausage |
| puiddin (puiddeeyn) F | *PUTH-in (PUTH-ee-un)* | pudding |
| pumkin (-yn) | *PUM-kin* | pumpkin |
| pussag (-yn) F | *PUZZ-ag / PUTH-ag* | hamster |
| puttey | *PUTT-uh* | pushing |

## Q

| | | |
|---|---|---|
| quaillag (-yn) F | *KWAL-yag* | fly |
| quallian (-yn) | *KWAL-yan* | cub, puppy |
| quallian-shynnee (*yn) | *KWAL-yan-SHINN-ee* | fox cub |
| queeyl (yn) F | *kweel* | wheel |
| queeyl vooar | *kweel-VOO-er* | big wheel |
| (queeylyn mooarey) | *(KWEEL-un-MOO-er-uh)* | |
| queig | *kwegg* | five |
| queig-jeig | *kwegg-jegg* | fifteen |

## R

| | | |
|---|---|---|
| radio (-yn) | *RAD-ee-oh* | radio |
| raad (raaidyn) | *raad (RAAJ-un)* | road |
| raad-etlan | *raad-ET-lan* | runway |
| (raaidyn-etlan) | *(RAAJ-un-ET-lan)* | |
| raad-yiarn | *raad-YARN* | railway |
| (raaidyn-yiarn) | *(RAAJ-un-YARN)* | |
| raak (-yn) | *raak* | rake |
| radling | *RAD-ling* | fence, railings |
| raggad (-yn) | *RAGG-ad* | racket |
| rannag (-yn) F | *RANN-ag* | frog |
| rannag-ghoo | *RANN-ag-GHOO* | toad |
| (rannagyn-doo) | *(RANN-ag-un-DOO)* | |
| rass (-yn) | *rass* | seed |
| ratch (-yn) | *ratch* | race |
| raun (-yn) F | *rawn* | seal |
| reesh | *reesh* | rice |
| reill (-yn) | *rayl* | ruler |
| reuyrey | *ROW-ruh* | digging |
| rhymbyl (-yn) | *RUM-bul* | skirt |
| rio (rioghyn) | *r'yoh (R'YOH-khun)* | ice, frost |
| riojag (-yn) F | *R'YOH-jag* | ice cream |
| roar (-yn) | *rawr* | bicycle |
| roar-bree (*yn) | *rawr-BREE* | motorbike |
| roarey | *RAWR-uh* | cycling |
| roauyr | *ROW-er* | fat |
| robot (-yn) | *ROH-bot* | robot |
| roggad (-yn) | *ROGG-ad* | rocket |
| roie | *RA-ee* | running |
| roih (roihaghyn) F | *RA-ee (RY-akh-un)* | arm |
| rollage (-yn) F | *rol-AAG* | star |
| rolley-arran | *ROL-uh-ARR-an* | bread roll |
| (rollaghyn-arran) | *(ROL-akh-un-ARR-an)* | |
| rowleyder (-yn) | *ROLE-uh-der* | roller |

| | | |
|---|---|---|
| rugbee | *RUG-bee* | rugby |
| runtag (-yn) F | *RUNT-ag* | marble |
| rybban (-yn) | *RIBB-an* | ribbon |

## S

| | | |
|---|---|---|
| saaue (saauenyn) | *SOW (SOW-nun)* | saw |
| salami | *sal-ARM-ee* | salami |
| scaa-greiney | *skaa-GRAYN-yuh* | sunshade |
| (scaaghyn-greiney) | *(SKAAKH-un-GRAYN-yuh)* | |
| scaa-liaghee (-yn) F | *skaa-L'YAGH-ee* | umbrella |
| scaa-tuittym | *skaa-TUD-jum* | parachute |
| (scaaghyn-tuittym) | *(SKAAKH-un-TUD-jum)* | |
| scoill (-yn) F | *skoll* | school |
| scoltey | *SKOLT-uh* | chopping, splitt |
| screeu | *skr'yoo* | writing |
| screeuyn | *SKR'YOO-un* | letter |
| (screeuynyn) | *(SKR'YOO-nun)* | |
| scrod (scroddyn) | *skrod (SKROTH-un)* | screw |
| scrodeyder (-yn) | *SKROTH-uh-der* | screwdriver |
| scruteyr-tiggad (*yn) | *skroot-AY-er-TIGG-ad* | ticket inspector |
| scryssane (-yn) | *skrizz-AAN* | eraser, rubber |
| selleree | *SELL-er-ee* | celery |
| seyr (seyir) | *SAY-er (SAY-ir)* | carpenter |
| shaddag (-yn) F | *SHATH-ag* | grapefruit |
| shalmane (-yn) | *shal-MAAN* | mushroom |
| shamraig (-yn) F | *sham-RAYG* | camera |
| shamyr (-yn) F | *SHAAM-er* | room |
| shamyr-choamree | *SHAAM-er-KHAWM-ree* | changing room |
| (shamyryn-coamree) F | *(SHAAM-er-un-KAWM-ree)* | |
| shamyr-farkee (*yn) F | *SHAAM-er-FARK-ee* | waiting room |
| shamyr-lhiabbagh (*yn) F | *SHAAM-er-L'YAH-vakh)* | bedroom |
| shamyr-obbree (*yn) F | *SHAAM-er-OBB-ree* | workshop |
| shamyr-oonlee (*yn) F | *SHAAM-er-OON-lee* | bathroom |
| shamyr-soie (*yn) F | *SHAAM-er-SA-ee* | living room |
| shapp (-yn) | *shap* | shop |
| shapp-gaih (*yn) | *shap-GA-ee* | toyshop |
| sharkagh (sharkee) | *SHARK-akh (SHARK-ee)* | shark |
| shee (-yn) | *SHEE-un* | ski |
| sheeabin (-yn) | *SHEEB-in* | soap |
| sheeal | *SHEE-al* | skiing |
| sheealeyder-ushtey (*yn) | *SHEEL-uh-der-USH-chuh* | water-skier |
| sheidey | *SHAY-juh* | blowing |
| shellan (-yn) | *SHELL-yan* | bee |
| shellan-cabbyl (*yn) | *SHELL-yan-KAH-vul* | wasp |
| shelleig (-yn) F | *shell-YAYG* | beehive |
| shenn | *shed'n / shan* | old |
| shennayr | *shan-AAR* | grandfather |
| (shennayraghyn) | *(shan-AAR-akh-un)* | |
| shey | *shay* | six |
| shey-jeig | *shay-jegg* | sixteen |
| shiaull (shiauill) | *shawl (SHAW-il)* | sail |
| shiaulley | *SHAWL-uh* | sailing |
| shiaulteyr (-yn) | *shawl-TAY-er* | sailor |
| shibber (-yn) | *SHIVV-er* | supper |
| shiaght | *shakh* | seven |
| shiaght-jeig | *shakh-jegg* | seventeen |
| shillish (-yn) F | *SHILL-ish* | cherry |
| shleeuan (-yn) | *SHL'YOO-an* | file |
| shlig (shliggyn) F | *shlig (SHLIGG-un)* | shell |
| shligganagh | *SHLIG-an-akh* | tortoise |
| (shligganee) | *(SHLIG-an-ee)* | |
| shocklaid (-yn) F | *shock-LAYD* | chocolate |
| shocklaid-heh F | *shock-LAYD-H'YAY* | hot chocolate |
| shooyl | *shool* | walking |
| shuddyryn (pl.) | *SHUTH-er-un* | scissors |
| shugyr | *SHOOG-er* | sugar |
| shugyr-sneeuit | *SHOOG-er-SNEW-it* | candy floss |
| shuyr (shuyraghyn) F | *SHOO-er (SHOO-rakh-un)* | sister |
| shynnagh (shynnee) | *SHINN-akh (SHINN-ee)* | fox |
| side (-yn) F | *side* | arrow |
| sideyrys | *sy-DAYR-us* | archery |
| sidoor (-yn) | *sy-JOOR* | soldier |
| s'inshley | *SINZH-luh* | lowest |
| skaal (-yn) F | *skaal* | saucer |
| skeab (-yn) F | *skeeb* | broom, brush |
| skeab-fliugh (*yn) F | *skeeb-FL'YUKH* | mop |

| Manx | Pronunciation | English |
|---|---|---|
| skeaban (-yn) | *SKEEB-an* | brush |
| skeaban-feeackle (*yn) | *SKEEB-an-FEEG-ul* | toothbrush |
| skeabey | *SKEEB-uh* | brushing, sweeping |
| skian (-yn) F | *SKEE-an* | wing |
| skibbylt | *SKIBB-ult* | skipping |
| skirraghtyn | *SKIRR-akh-tun* | skating |
| skirrey | *SKIRR-uh* | slide |
| skynn (skynnaghyn) F | *skin (SKINN-akh-un)* | skynn |
| skynn-phenney (skynnaghyn-penney) F | *skin-FENN-uh (SKINN-akh-un-PEN-uh)* | penknife |
| slat-eeastee (slattyn-eeastee) F | *slat-YEEST-ee (SLATT-un-YEEST-ee)* | fishing rod |
| sleayd (-yn) F | *sled* | sleigh, trailer |
| sleayst-joan (*yn) | *slayst-JAWN* | dustpan |
| sleih (collective noun) | *sly* | people |
| slieau (sleityn) | *sl'yoo (SLAY-jun)* | mountain |
| slyst ny marrey | *SLIST nuh MAH-ruh* | seaside |
| smeggyl (-yn) F | *SMEGG-ul* | chin |
| smooinaghtyn | *SMUNN-yakh-tun* | thinking |
| snaue | *SNAA-oo* | crawling, swimming |
| sniaghtey | *SN'YAKH-tuh* | snow |
| soalt (-yn) F | *sawlt* | barn |
| soiag (-yn) F | *SY-ag* | cushion |
| soie | *SA-ee* | sitting |
| soilshey-mooar (soilshaghyn-mooarey) | *SILE-zhuh-MOO-er (SILE-zhakh-un-MOO-er-uh)* | headlight |
| soilshey-reill (soilshaghyn-reill) | *SILE-zhuh-RAYL (SILE-zhakh-un-RAYL)* | signals, traffic light |
| sollagh | *SOLL-akh* | dirty |
| sollan | *SOLL-an* | salt |
| sollys | *SOLL-us* | bright, light |
| soo-crouw (sooghyn-crouw) | *soo-CROW (SOOKH-un-CROW)* | raspberry |
| soo-mess (sooghyn-mess) | *soo-MESS (SOOKH-un-MESS)* | fruit juice |
| soo-thallooin (sooghyn-thallooin) | *soo-tol-OON (SOOKH-un-tol-OON)* | strawberry |
| sooill (-yn) F | *SOO-il* | eye |
| sooslagh-feeackle | *SOOS-lakh-FEEG-ul* | toothpaste |
| sourey (souraghyn) | *SOW-ruh (SOW-rakh-un)* | summer |
| spaag (-yn) F | *spaag* | paddle |
| spagey (spagaghyn) | *SPAAG-uh (SPAAG-akh-un)* | handbag |
| spaghetti | *spah-GET-ee* | spaghetti |
| spanney (spannaghyn) | *SPANN-uh (SPANN-akh-un)* | spanner |
| speckleyryn (pl.) | *speck-LAY-er-un* | glasses |
| speeineig (-yn) F | *speen-YAYG* | shaving |
| spein (-yn) | *spayn* | spoon |
| spein-tey (*yn) | *spayn-TAY* | teaspoon |
| speyr (-yn) F | *SPAY-er* | sky |
| spollag (-yn) F | *SPOLL-ag* | chip |
| spreihder (-yn) | *SPRY-der* | sprinkler |
| speiy (speiyghyn) F | *SPAY-ee (SPAY-khun)* | hoe |
| spinatçh | *SPIN-atch* | spinach |
| spoar | *spawr* | space |
| spooytag (-yn) F | *SPOOT-ag* | syringe |
| sporran (-yn) | *SPORR-an* | purse |
| spoyrt (-yn) | *sport* | sport |
| staabyl (staabil) | *STAAB-ul (STAAB-il)* | stable |
| stashoon (-yn) | *stazh-OON* | station |
| sthowran (-yn) | *STOW-ran* | statue |
| stoandey (stoandaghyn) | *STAWN-duh (STAWN-dakh-un)* | barrel |
| stoyl (stuill) | *stohl (STOO-il)* | chair, stool |
| straid (-yn) F | *straad (STRAAJ-un)* | street |
| streng (-yn) | *streng* | string |
| stroin (stroinyn / strointeeyn) F | *STRY-d'n (STRY-d'n-un / STRINE-tee-un)* | nose, trunk |
| stroin-eairkagh (*yn) | *STRY-d'n-URK-akh* | rhinoceros |
| strooan (-yn) | *STROO-an* | stream |
| stiureyder (-yn) | *STEW-ruh-der* | pilot |
| surfal-geayee | *SURF-al-GAY-ee* | sailboarding, windsurfing |
| symyn (sg. sym) | *SUMM-un (sum)* | sums |
| syrjey | *SUR-juh* | highest |

## T

| Manx | Pronunciation | English |
|---|---|---|
| taggad (-yn) F | *TAGG-ad* | tack |
| taksee (-yn) | *TACK-see* | taxi |
| tappee | *TAH-vee* | fast, quick |
| tarroo (terriu) | *TARR-oo (TERR-yoo)* | bull |
| tayrn | *tarn* | pulling |
| tayrnag (-yn) F | *TARN-ag* | zip |
| tayrneyder (-yn) | *TARN-uh-der* | tractor |
| tayrtyn | *TURT-un* | catching |
| tead (teaddyn) | *ted (TETH-un)* | rope |
| tead-çhionn (teaddyn-çhionn) | *ted-CHON (TETH-un-CHON)* | tightrope |
| tead-skibbylt (teaddyn-skibbylt) | *ted-SKIBB-ult (TETH-un-SKIBB-ult)* | skipping rope |
| teddee (-yn) | *TETH-ee* | teddy bear |
| teigh (-yn) F | *ty* | axe |
| tendeilagh (tendeilee) | *ten-DAYL-yakh (ten-DAYL-yee)* | waiter |
| tendeilagh-etlan (tendeilee-etlan) | *ten-DAYL-yakh-ET-lan (ten-DAYL-yee-ET-lan)* | flight attendant |
| tendreil | *ten-DRAYL* | lightning |
| tennys | *TEN-iss* | tennis |
| tennys-boayrd | *TEN-iss-BORD* | table tennis |
| tey | *tay* | tea |
| thammag (-yn) F | *TAMM-ag* | bush |
| thanney | *TANN-uh* | thin |
| tharrar (-yn) | *TARR-er* | drill |
| tharrar-raaidey (*yn) | *TARR-er-RAAJ-uh* | road drill |
| thie (-yn) | *ty* | house |
| thie-babban (*yn) | *ty-BABB-an* | doll's house |
| thie-bee (*yn) | *ty-BEE* | café |
| thie-eirinagh (*yn) | *ty-AY-rin-yakh* | farmhouse |
| thie-fillym (*yn) | *ty-FILL-um* | cinema |
| thie-gloinney (*yn) | *ty-GLONN-yuh* | greenhouse |
| thie-goaldee (*yn) | *ty-GAWL-dee* | hotel |
| thie-jannoo (*yn) | *ty-JINN-oo* | factory |
| thie-kirkey (*yn) | *ty-KURK-uh* | hen house |
| thie-lheihys (*yn) | *ty-L'YEE-iss* | hospital |
| thie-moddee (*yn) | *ty-MAW-thee* | kennel |
| thie-soilshey (*yn) | *ty-SILE-zhuh* | lighthouse |
| thie-troailt (*yn) | *ty-TRAWLT* | caravan |
| thiollane (-yn) | *tol-AAN* | tunnel |
| thoin (-yn) F | *TOH-d'n / TY-d'n* | bottom |
| thummey | *TUMM-uh* | diving |
| thummeyder (-yn) | *TUMM-uh-der* | diver |
| thunnag (-yn) F | *TUNN-ag* | duck |
| tilgey | *TILG-uh* | throwing |
| tobbyr-oonlee (-yn) | *TOBB-er-OON-lee* | bath |
| tonn (-yn) F | *tonn* | wave |
| toor-reill (*yn) | *TOO-er-RAYL* | control tower |
| toor-skirraghtyn (*yn) | *TOO-er-SKIRR-akh-tun* | helter-skelter |
| towl (tuill) | *towl (TOO-il)* | hole |
| towl-cramman (tuill-chramman) | *towl-KRAMM-an (TOO-il-KHRAMM-an)* | button hole |
| towl-scudlee (tuill-scudlee) | *towl-SKUD-lee (TOO-il-SKUD-lee)* | car boot |
| towshan (-yn) | *TOWSH-an* | tape measure |
| traagh F | *traakh* | hay |
| traen (-yn) | *trayn* | train |
| traen-cooid (*yn) | *trayn-KOOJ* | goods train |
| traen (-yn) ny carnaneyn | *TRAYN nuh kar-NAAN -un* | rollercoaster |
| traen (-yn) ny scaanyn | *TRAYN nuh SKAAN-un* | ghost train |
| traie (-yn) F | *TRA-ee* | beach |
| traval (-yn) F | *TRAV-al* | trowel |
| tree | *tree* | three |
| tree-jeig | *tree-jegg* | thirteen |
| tree-wheeyl (-yn) | *TREE-hweel* | tricycle |
| treiney (treinaghyn) F | *TRAYN-yuh (TRAYN-yakh-un)* | nail |
| troailt | *trawlt* | travel |
| troailtagh-spoar (troailtee-spoar) | *TRAWLT-akh-SPAWR (TRAWLT-ee-SPAWR)* | astronaut, spaceman |
| troggeyder (-yn) | *TROGG-uh-der* | lift |
| troggeyder-pedryl (*yn) | *TROGG-uh-der-PED-rul* | petrol pump |
| trogh-eeast (*yn) | *trawkh-YEEST* | aquarium |
| troorane (-yn) | *troo-RAAN* | triangle |
| troosyn (pl.) | *TROOZ-un* | trousers |

| | | |
|---|---|---|
| troosyn-cuttagh (pl.) | TROOZ-un-KUTT-akh | shorts |
| tuittym | TUD-jum | falling |

## U

| | | |
|---|---|---|
| uillin (uiljyn) F | ULL-yin (ULL-jin) | elbow |
| uinnag (-yn) F | UNN-yag | window |
| unnish (-yn) F | UNN-ish | onion |
| urley (urlee) | URL-uh (URL-ee) | eagle |
| ushag (-yn) F | UZH-ag | bird |
| ushtey (ushtaghyn) | USH-chuh (USH-chakh-un) | water |

## V

| | | |
|---|---|---|
| van (vannyn) | van (VANN-un) | van |

## W

| | | |
|---|---|---|
| whaaley | HWAY-luh | sewing |

## Y

| | | |
|---|---|---|
| y (ny) | uh (nuh) | the |
| y çhamyr-aarlee (ny shamyryn-aarlee) F | uh CHAAM-er-URL-ee (nuh SHAAM-er-un-URL-ee) | the kitchen |
| y çhamyr-lhiabbagh (ny shamyryn-lhiabbagh) F | uh CHAAM-er-L'YAH-vakh (nuh SHAAM-er-un-L'YAH-vakh) | the bedroom |
| y çhamyr-obbree (ny shamyryn-obbree) F | uh CHAAM-er-OBB-ree (nuh SHAAM-er-un-OBB-ree) | the workshop |
| y çhamyr-oonlee (ny shamyryn-oonlee) F | uh CHAAM-er-OON-lee (nuh SHAAM-er-un-OON-lee) | the bathroom |
| y çhamyr-soie (ny shamyryn-soie) F | uh CHAAM-er-SA-ee (nuh SHAAM-er-un-SA-ee) | the sitting room |
| y chied 'er | uh KH'YID AAR | the first one |
| y fer s'jerree | uh FAAR SJERR-ee | the last one |
| y phurt-aer (ny purtyn-aer / puirt-aer) F | uh FURT-AAR (nuh PERT-un-AAR / POO-ert-AAR) | the airport |
| y shapp (ny shappyn) | uh SHAP (nuh SHAPP-un) | the shop |
| y shapp-gaih (ny shappyn-gaih) | uh shap-GA-ee (nuh SHAP-un-GA-ee) | the toyshop |
| y traid (ny straidyn) F | uh TRAAD (nuh STRAAJ-un) | the street |
| yeeall (-yn) | yeel | lace, lead |
| yiarn-smoodal (*yn) | yarn-SMOOTH-al | iron |
| ymmyltagh (ymmyltee) | IMM-ul-takh (IMM-ul-tee) | acrobat, tumbler |
| ymmyr-vlaa (ymmyryn-blaa) F | IMM-er-VLAA (IMM-er-un-BLAA) | flower bed |
| yn (ny) | un (nuh) | the |
| yn 'eailley (ny feaillaghyn) F | un AYL-yuh (nuh FAYL-yakh-un) | the fair, festival |
| ynnyd-eeck (*yn) | INN-id-EEK | checkout |
| ynseyder (-yn) | IN-suh-der | teacher |
| yoggyrt | YOGG-ert | yoghurt |
| yskid (-yn) F | ISK-id | ham |